本书系全国教育科学规划青年课题"学校整体课程规划的理论与实践研究"
（项目编号：EHA070257）之成果

学校整体课程规划

杨四耕 等 著

华东师范大学出版社

·上海·

图书在版编目(CIP)数据

学校整体课程规划/杨四耕等著.—上海:华东师范大学出版社,2022

ISBN 978-7-5760-0423-6

Ⅰ.①学… Ⅱ.①杨… Ⅲ.①中小学-课程建设-研究 Ⅳ.①G632.3

中国版本图书馆 CIP 数据核字(2022)第 012095 号

学校整体课程规划

著　者　杨四耕　等
责任编辑　刘　佳
特约审读　王秋华
责任校对　林文君
装帧设计　刘怡霖

出版发行　华东师范大学出版社
社　　址　上海市中山北路 3663 号　邮编 200062
网　　址　www.ecnupress.com.cn
电　　话　021-60821666　行政传真 021-62572105
客服电话　021-62865537　门市(邮购)电话 021-62869887
地　　址　上海市中山北路 3663 号华东师范大学校内先锋路口
网　　店　http://hdsdcbs.tmall.com

印　刷　者　上海锦佳印刷有限公司
开　　本　787 毫米×1092 毫米　1/16
印　　张　14.25
字　　数　232 千字
版　　次　2022 年 1 月第 1 版
印　　次　2025 年 8 月第 4 次
书　　号　ISBN 978-7-5760-0423-6
定　　价　48.00 元

出版人　王　焰

(如发现本版图书有印订质量问题,请寄回本社客服中心调换或电话 021-62865537 联系)

目　　录

总　论　有逻辑的学校课程变革

学校整体课程是学校为实现育人目标,整合包括国家课程、地方课程和校本课程在内的课程之总体。一所学校应该有自己的课程变革逻辑,应该基于学校整体课程规划建构自己的课程模式。学校课程模式是文化自觉的产物,是学校自主决策课程的过程,它需要学校领导团队基于立德树人的要求,多主体共同参与学校整体课程规划,使学校课程从无序走向有序,最终走向课程自觉的美好境界。

第一章　学校课程情境分析

课程情境分析是学校课程发展的起点,是学校中相关群体自觉的课程探究行动,是对学校课程发展优势和劣势的总盘点。课程情境分析借助 SWOT、KISS 等工具,依据政策和多种信息资源,对课程开发的历史和现状、师生的课程兴趣和能力、学校的组织特征和课程资源以及社区的课程资源等各课程开发的重要条件进行深入分析。

第二章　学校课程哲学思辨　　　**22**

学校课程哲学是学校对自身课程使命的一种价值判断,是"课程人"思考与处理课程和教学事务的方式,是在历史与现实的碰撞中不断扬弃与取舍的过程。学校的课程哲学可以在课程史上已有的课程理念、师生据以做事的方式、学校的办学理念、我国当代的时代精神中寻找与提炼。课程哲学要用本土而独特的语言表述,并善用其来指导学校表面课程和内在课程的建设。

第三章　学校课程愿景构建　　　**40**

学校课程愿景是学校群体发自内心的共同目标。学校课程目标是基于国家和地方的课程目标框架,经过学校课程哲学的筛选后,对学校的整体课程计划和单门课程的学习结果做出的界定。学校课程目标的制订要考虑匹配、价值、措辞、合适等多个维度,要有适当的数量,善于利用行为目标、表现目标等多样的表现形式。

第四章　学校课程体系设计　　　**58**

学校课程体系的设计是对学校课程的类型、要素及其之间结构关系的综合设计。

学校课程体系应该与课程哲学、目标在价值观和指涉范围上保持一致,它应考虑课程设计的深度和广度,考虑学习者要学习的内容、主题、学习经验等,致力于为学生提供丰富的学习经验,持续促进学生的学习。整合设计以及以学习者为中心的设计应是当前学校应着力增强的两类设计。

第五章 学校课程实施规划   104

课程实施规划是有目的、有计划、有步骤进行的一个动态的序列化的实践过程,是对学校课程愿景和目标与日常实践相整合的行动设计。实施规划牵涉到行政人员、师生、课程、教学、资金、时间等诸多因素,带有很大的不确定性。实施规划要有课程实施的多维途径的综合考量,要对课程方案的执行和教师的培训有明确的实施步骤、清晰的成功标准、严格的执行力和灵活多变的创造力。

第六章 学校课程评价谋划   136

学校的课程评价要构建一套能够监控并改进课程方案品质、教师课程开发与实施质量、学生学业成就等三个方面的综合性的个性化的评价体系。学校的课程评价不只是评价最终的课程成品与书面结果,而应包含整个课程发展的过程,随时对课程的目标、实施进行监控。对不同类型的课程,应有相应的课程评价要求和方法,充分发挥教师的评价主体作用,开发适宜的本土化的评价工具。

第七章　学校课程管理保障　　　　176

学校课程管理是学校及其相关人员行使课程权力并履行课程责任的过程。学校课程管理要从单向执行转向主体建构,从单一的教学管理转向系统的课程管理,从行政主导走向服务与支持。严格的监管机制和有力的后续支持机制组成了课程管理"程序文明"的两翼。有效的学校课程管理是分布式的,是正式组织与非正式组织,管理人员与教师,内部力量与外部力量协同并进、互为补充的。

后记　好的学校整体课程规划有八条标准　　　198

总　论　有逻辑的学校课程变革

学校整体课程是学校为实现育人目标,整合包括国家课程、地方课程和校本课程在内的课程之总体。一所学校应该有自己的课程变革逻辑,应该基于学校整体课程规划建构自己的课程模式。学校课程模式是文化自觉的产物,是学校自主决策课程的过程,它需要学校领导团队基于立德树人的要求,多主体共同参与学校整体课程规划,使学校课程从无序走向有序,最终走向课程自觉的美好境界。

自 20 世纪 70 年代以来,全球范围内兴起了"学校改进""学校重建"运动,这些改革运动都致力于提高教育质量、促进学校发展。如何提升教育质量、促进学校发展?作为学校变革核心领域的学校课程建设当然首当其冲。

一、良好的课程与当前的问题

据笔者多年的观察与研究,对中小学而言,良好的课程有以下基本特征:一是倾听感,回应孩子的学习需求;二是逻辑感,严密的而非大杂烩或拼盘的;三是统整感,更多地以嵌入方式实施而非简单地做加减法;四是见识感,以丰富学生的学习经历而不以知识拓展与加深为取向;五是质地感,课程建设触及教学变革,对教育质量提升有重要影响。[①]

① 杨四耕.学校课程深度变革的五要素分析[J].中国教师,2016(6):63—67.

当前,很多学校课程变革的热情比较高,但是碎片化、大杂烩的课程改革普遍存在,具体表现为:

1. 不贴地

没有学校课程情境的分析,空降式课程开发,不基于学校实际,没有在地文化意识,不关注孩子们的学习需求。失去了情境的课程,看不到课程开发的实践脉络;离开了儿童的性向,教师的一厢情愿是没有精彩可言的。

2. 无目标

为课程而课程,课程建设似乎是锦上添花的事,似乎可以赢得"赏识"或"加分"。课程建设不是基于育人目标的实现,没有育人目标意识,育人目标与课程目标不能很好地实现对接。

3. 无逻辑

没有学校整体课程规划,学校课程建设只是量的累加,没有逻辑体系意识。对于学校文化与课程建设的关系,学校课程哲学以及自始至终贯穿其中的逻辑,很多校长没有概念,觉得这是专家的事。

4. 大杂烩

对学校诸多课程与活动无合理分类,课程之间的关联性与结构性比较弱;处于杂乱无序的"碎片"及"拼盘"状态,"学校课程是一个筐,什么东西都往里装"的现象很多见,如此很难以发挥学校课程整体育人功能。

5. 不活跃

学校课程实施方式单一,只见课堂教学,只研究有效教学,至于这个"效"指向哪里并不在乎。对于学校课程实施的多维途径以及多样方式似乎看不见,如社团学习、校园节日、户外学习、项目学习、问题学习、视频学习等途径和方式用得很少。

6. 少评价

课程开发随意性比较大,没有课程认证与评估,没有具体评价考虑,课程实施效果不得而知。有很多人觉得评价很难,问他难在哪里又不知道。对于诸如表现性评价、展示性评价、闯关式评价、游园式评价等具体的课程评价方式了解得太少。

7. 无关联

课程与教学分离,课程与教学两张皮,在他们看来,"课程是虚的,教学是实的",学校课程变革没有真正触及课堂教学改革,课程建设与质量提升没有直接关系。因此,抓教学是正业,搞课程是副业,课程开发往往浅尝辄止。

8. 弱管理

学校课程建设不受重视,课程管理比较松散,课程意识普遍薄弱。对于课程的价值引领、制度建构、组织建设、课程研修等管理方式的运用基本上没有做到位,还有很多学校觉得课程管理是上级的事,与自己无关。

林林总总,这些问题确实值得我们关注。让一个人认识到变革,并具有推进变革的能力,这是学校课程变革取得成功的必备条件。美国学者本尼斯(W. Bennis)在作了大量考察之后认为,课程变革有三种情况:一是自主性变革,这种变革参与者拥有一定的课程权力,以事先约定的方式,遵循特定的程序履行课程职能;二是强制性变革,这类变革是由一小部分人决定的,大多数人没有决策权,只要服从和执行即可;三是互动性变革,这种变革以各部分人共同决定目标、共享课程权力为特征,但是大家因为缺少集体审议,没有约定的程序,各行其是而往往不知道如何推进变革。[1] 很明显,第一种变革模式是阻力最小的,是最有利于学校课程深度变革的,因为那是参与者自主决策的变革,有着约定的操作程序和实践范式。任何被动或无约定的变革,任何只有空洞的理念或口号而无实质性操作路径的变革,都是不会成功的。

二、建构学校独特的课程模式

如何寻找一条务实可靠的道路,让学校课程变革变得健康活跃? 我们认为,一所学校应该有自己的课程变革逻辑,应该基于学校整体课程规划建构自己独特的学校课程模式。廖哲勋教授指出,课程模式是按照一定课程设计理论和一定学校的性质任务建立的、具有基本课程结构和特定育人功能的、用在特定条件下课程设置转换的组织

---

[1] 转引自施良方. 课程理论——课程的基础、原理与问题[M]. 北京:教育科学出版社,1996:135.

形式。① 郭晓明教授指出,课程模式就是典型的、以简约的方式表达的课程范式,这种课程范式具有特定的课程结构和特定的课程功能,与某类特定的教育条件相适应。课程模式既是一种结构模式,也是一种功能模式。② 综合两位学者的观点,我们认为,学校课程模式是以学校发展背景分析为基础,以一定的课程哲学为引领,以个性化的课程结构和特定的课程功能为主要内容而建构的指导学校课程实践的运作范式。课程情境、课程哲学、课程结构、课程功能、课程实施以及课程管理与评价是学校课程模式不可或缺的构成要素。学校课程情境是课程模式的土壤,课程哲学是课程模式的灵魂,课程功能和课程结构是课程模式的主体内容,课程实施是课程模式的必要运作,课程管理与评价是课程模式的基本保障。

如何理解一所学校的课程模式? 课程模式可以从"点、线、面"三个维度理解。一是"点"的维度,课程模式指向为每一个学生提供适合的课程,内有一系列的课程,可以供不同个性、不同背景、不同层次的学生所享用,关注每一个孩子的成长与发展是课程模式的"点"位。二是"线"的维度,课程模式是一个生成的过程,处于从无到有、不断改进和完善的发展过程之中,是一个需要积淀、需要智慧凝聚的过程,也是一个反省实践与不断建构的过程。三是"面"的维度,课程模式是学校课程发展的思维工具,它指导学校课程变革实践,内含课程情境的分析、课程理念的厘定、课程框架的构建、课程实施方式的确定以及课程评价与保障系统的建立等。③ 作为学校课程发展的思维工具,课程模式是对学校课程变革的模型描述,是一个由"点、线、面"构成的内蕴价值的课程综合体,是学校课程发展到一定阶段的思维创造物,是学校课程改革的经验凝练和理性抽象,是值得鼓励和倡导的。

总体而言,课程模式是以学生发展为目标,以学校情境分析为基础,以学校教育哲学为引领,以个性化的课程结构和特定的课程功能实现为主要内容的课程综合体,是对学校课程不断解构、重组、调适的课程变革逻辑与工具,是指引学校整体课程开发的实践范式。特定的课程情境、动态的生成过程以及多维的要素组合决定了学校课程模

① 廖哲勋. 论中小学课程结构的改革[J]. 教育研究,1999(7): 59 - 65.
② 郭晓明. 关于课程模式的理论探讨[J]. 课程·教材·教法,2001(2): 27 - 31.
③ 杨四耕. 课程模式的三个观察维度[N]. 中国教师报,2015 - 12 - 23.

式有自己的特点。①

一是结构严密性,学校课程模式总是呈现自己清晰的逻辑。课程模式作为课程开发实践范式,具有观点的概括性、程序的简约性以及逻辑的严密性,是一个有着严密结构的组织化系统。一方面,课程模式的构成要素之间和要素内部组成部分之间是有机联系的,既有横向联系,又有纵向联系,横向联系也就是要素和要素内部组成部分在空间构成上要保持有规则的、恰当的有序联系;纵向联系也就是在不同学段、不同年级各要素和要素组成部分先后承接设置顺序。②另一方面,课程模式各构成要素之间及要素内部组成部分之间不是杂乱无章的堆砌,而是以一定的逻辑结构呈现,是有清晰的逻辑诉求的。课程模式的严密性要求学校课程系统不是系列课程"碎片"或"大杂烩",而要以有逻辑的方式加以统整,使学校提供的课程是一个互相联系、彼此协调的、指向育人目标实现的有机整体,课程类别之间、课程内容之间、课程整体与部分之间有着内在的联系。课程目标之间的层次关系要与课程的整体架构保持平衡,课程内容的选择与组织要与学科的内在逻辑、学生的发展水平和社会需求保持平衡。

二是动态生成性,学校课程模式不是静止的,其建构是一个动态生成的过程,是学校课程系统随着环境的变化由平衡到不平衡到再次走向平衡的进化过程。在新旧需求的碰撞中,课程模式要顺利实现更替,需要具备相应的动态调适能力。课程模式的动态调适能力与课程模式的构成要素及要素内部组成部分的种类和数量密切相关。具体而言,随着学校环境的变化,课程模式的构成要素及其关系在不同条件下发生一定的变化,通过这种调适,课程模式发展成为更为丰富和完善的整体系统。③学校课程变革具有复杂性、生成性和创造性,是非线性的,充满着不确定性,课程模式建构要以动态的眼光积极关注新问题和新需求,及时调整实践与变革的方向,及时调整构成要素及要素内部组成部分,包括数量的变化、关系的变化、原有要素的变化和新要素的分化,不断吸收新要素,以建立新的课程系统,适应环境的变化。课程改革是进行时,那种以为学校课程变革可以因为建模成功而止步不前的想法都是幼稚的。

① 杨四耕. 有逻辑地推进学校课程变革[J]. 中国民族教育,2016(8):24-26.
② 郭晓明. 课程结构论:一种原理性探寻[M]. 长沙:湖南师范大学出版社,2002:94.
③ 郭晓明. 课程结构论:一种原理性探寻[M]. 长沙:湖南师范大学出版社,2002:128.

　　三是经验独特性,课程模式是情境的产物,是多样的、个性化的。各级各类学校课程模式的不同,同级同类学校课程模式也不一样,这本质上是由学校课程变革的实践轨迹和经验不同所决定的。课程模式指向特定的学校、特定的主体,是学校独特的课程变革实践的思维抽象。学校课程模式的独特性要求课程模式建构要以课程实践情境为依托,适应不同学校的环境特点、适应学生的个性差异。可以说,个性化是学校课程模式的生命,不存在所有学校都普遍适用的课程模式。学校课程模式应结合时代发展需要、在地文化资源背景以及学校办学传统和条件,以独特的课程理念为引领,以特定的课程结构和功能体系为主体内容,基于经验提炼原则而构建。

　　总之,课程模式是一所学校推进课程变革的思维工具和创新成果。当然,学校课程模式的建构是一个文化自觉的过程,需要学校领导团队基于立德树人的要求推进学校整体课程规划,使学校课程从"无序"状态变成"有序"状态,如此,学校才能推进有逻辑的学校课程变革。

三、学校整体课程规划的关键

　　学校课程模式建构过程实质上也是学校自主决策课程的过程,是学校运用课程自主权,致力于学校内涵发展的动态过程。一般地说,学校课程模式的生成过程如下(见图1):

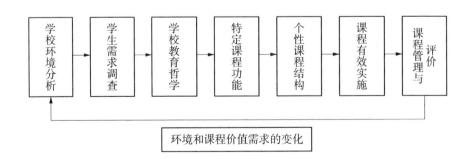

图 1　学校课程模式的生成过程图

为了促进学校课程发展,学校整体课程规划也应该循着课程模式的生成过程进行多维分析和深入探索。

学校整体课程是为实现育人目标、整合包含国家课程、地方课程和校本课程在内的课程之总体。施良方先生认为,课程编制是完成一项课程计划的整个过程,它包括课程目标、选择和组织课程内容、实施课程和评价课程等阶段;而课程设计是课程所采用的一种特定组织方式,它主要涉及课程目标以及课程内容的选择和组织。[①] 在我们看来,学校整体课程规划不仅包含课程设计和课程编制的全部内涵,还包含分析学校课程情境、确定学校课程哲学在内的课程决策的意涵与过程。综合起来,课程决策、课程编制、课程设计、课程实施以及课程评价之间的大体关系如下图 2 所示:

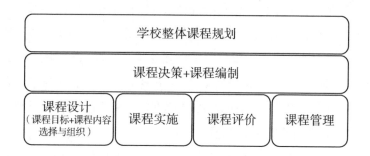

图 2　学校整体课程规划、课程决策、课程编制、课程设计区分图

换言之,学校整体课程规划是随着学校课程自主权的获得,为推进有逻辑的学校课程变革而研制的、指导学校课程实践的文本,是课程权力分享与课程决策统一的过程,是课程决策、课程设计以及课程编制过程的有机统一。基于这个有机统一过程,结合我们的实践研究,我们认为研制学校整体课程规划有以下七个方面的工作十分关键。

1. 清晰学校课程情境

学校整体课程规划的第一步就是学校课程情境分析。这是课程模式凸显个性的客观基础,是学校课程适切性的重要前提。脱离学校实际情境的课程模式建构是没有

---

① 施良方.课程理论——课程的基础、原理与问题[M].北京:教育科学出版社,1996:81.

意义的,无益于学生发展。学校课程情境包括外在环境和内在情境,外在环境包括时代发展背景、地域文化背景、社区环境,内在情境包括学校办学传统、办学条件、学生生源与学情、教师素质与结构等。学校环境分析体现在:时代背景下对教育发展有哪些新要求,学校所处的文化生态环境有哪些优势,哪些可以开发成为学校的校本特色课程,社区有哪些优势课程资源,学校的办学传统如何进行扬弃,学校内部拥有哪些优势与不足,学生的学习特点和教师素质结构的优势与不足等。在学校环境分析的基础上,还要对学生的需求进行调查,了解现有课程的实施情况,发现学校课程中存在的问题等。因此,学校课程情境分析是学校整体课程规划的基本前提。

2. 高瞻学校课程哲学

学校课程哲学是指一所学校课程变革信奉的理念和课程建设的价值追求。有学者认为,学校教育哲学在内容上包括学校使命、学校愿景和育人目标,其中育人目标是核心,表现为对学校发展的核心价值观、理想以及培养什么样的学生的一种本质性理解与规定。① 学校教育哲学对学校各项工作有着渗透性的指导作用。由学校教育哲学通过逻辑演绎而建构的学校课程哲学、特别是学校课程理念,对课程建设而言具有重要作用,它是整个课程模式的灵魂,引领着课程模式的构建,贯穿于学校课程变革之始终。学校课程哲学的独特性和坚定性有利于凸显学校课程模式的个性,有利于凸显学校课程变革的价值追求。当然,学校课程哲学不是学科意义上的哲学,而是观念层次上的哲学;不是整个教育层面的,而是具体学校层面的,是学校自主建构的、指引学校课程变革的核心精神。研制学校整体课程规划,要注意基于学校课程情境,包括研究学校的历史和现状,把握学校教育哲学和办学理念,在此基础上进行必要的逻辑演绎与深度推理,以使学校教育哲学、办学理念与课程理念逻辑上内在相联。

3. 把握学校课程功能

课程功能是指课程与环境在相互作用过程中表现出来的对环境的比较稳定而独特的作用与影响,既包括输入环节课程对环境的反作用,也包括输出环节课程对环境的直接作用。不同类型的课程承载着不同的功能,如学科课程与活动课程、分科课程与综合课程、必修课程与选修课程、显性课程与隐性课程等;同时从功能的指向对象来

---

① 陈建华.学校应该有自己的教育哲学追求[J].教育科学研究,2007(1):22-26.

看,又可分为对学习者个人或人群的功能和对社会的功能。[①] 学校课程模式是根据特定的课程功能构建的,而特定功能的发挥是保持课程结构稳定性的必要条件。在个性化课程模式中,必然包含相对应的课程功能,并且是特定课程功能的耦合系统。育人目标和课程目标在很大程度上规定着课程的功能,蕴含着特定的功能期待,包括课程的方向、水平、广度、深度、效果等,二者直接凸显了课程功能的多样性。在课程模式建构中,不同类型的课程总是指向特定的功能,具体科目也承担着特定的育人功能。研制学校整体课程规划,要注意在厘定学校育人目标的基础上,对育人目标进行合理的年级分解,形成有机对接的课程目标体系,以便于目标导向的课程体系建构。

4. 设计学校课程框架

郭晓明教授曾经提出"三层次——两类型"课程结构观。"三层次"是指宏观、中观、微观,"两类型"是指实质结构和形式结构。[②] 实质结构是对课程的质的规定性,反映着课程的内在价值取向,是对课程的深层理解,决定着课程的形式结构,包括实质性构成要素及其关系。如有学者提出的现代学校课程的实质结构,包括自我发展课程、人格课程、情感课程、知识课程和实践课程,形成一个立体结构,以自我发展课程为灵魂,以人格课程、情感课程、知识课程和实践课程为载体,反映"重视学生发展的全面性、重视经验在课程中的作用"的价值取向。[③] 课程的实质结构凸显的是对独特的课程哲学和特定课程功能的具体规定性,是课程哲学和功能在课程结构层面的具体反映。形式结构主要包括课程类别和不同类别之间的关系,即"类的结构"和"关系结构"。[④] 我们的研究和实践表明,研制学校整体课程规划,既要关注学校课程的宏观、中观和微观三个层次,又要关注学校的实质结构和形式结构,基于特定的逻辑对学校课程进行合理分类,做到不交叉、不重复。在此基础上,还要进一步按照年级和学期进行课程布局性设计(即课程设置),以形成整体性的学校课程框架。总之,研制学校整体课程规划,要基于对学校课程实质结构的深刻理解,把握学校课程的横向分类与纵向布局。

① 郭晓明. 课程结构论：一种原理性探寻[M]. 长沙：湖南师范大学出版社,2002：102.
② 郭晓明. 课程结构论：一种原理性探寻[M]. 长沙：湖南师范大学出版社,2002：82.
③ 冯国文. 构建现代学校课程结构模式[J]. 课程·教材·教法,1999(5)：7－10.
④ 褚洪启,邢卫国. 促进课程一体化的10种模式[J]. 学科教育,1992(3)：37－40.

5. 明确学校课程实施

随着学校课程变革的推进,学校开始着眼于自身的优质资源开发及具有本校特色的课程建设,学校课程呈现出多样化的特点,但并不是所有的学校都发展成为了优质学校。原因就在于很多学校止于单一的校本课程开发,忽略课程实施的整体运营,学校很可能只是为了适应改革而开发了课程,实际上这些课程只是学校整体课程的添加或附属,学校整体课程结构没有变化、课程观念也没有变化、课程实施形态依然没有变化。形式上的变化并不能引起学校的深层变革,这其实是弱化了学校课程本身的内在价值。我们认为,学校课程实施的设计最重要的是要按照立德树人的要求,从丰富学生学习经历的角度,充分考察学校课程实施的多维途径,如课堂教学、社团活动、研学旅行、校园节日、创客空间、艺术表演、故事沙龙、项目学习、仪式教育、隐性环境等。① 多维课程实施途径的本质就是在落实全面育人、全策育人,就是落实学习方式变革,就是育人方式变革的重要方面。当然,学校课程功能是整合的、课程结构是一体的,在课程实施上也需要考虑课程统整,以使各种类型课程的功能发挥最大化。

6. 探索学校课程管理

课程模式的建构除了课程的主体内容之外,还要有相应的支持条件,特别是课程管理,以保障课程开发与实施的顺利进行,保证课程模式的完整性。课程管理是指以课程为对象所施加的决策、规划、开发、组织、协调、实施等管理活动和管理行为的总称。一所学校的课程管理主要包括课程管理理念、课程开发管理、课程实施管理等。就管理方式而言,主要包括以下几个方面:一是价值引领,也就是学校课程所有要素都应该按照学校课程哲学的意涵来推动,学校课程哲学应该渗透到学校课程运行的全过程之中,价值引领是学校课程管理的重要方面。二是组织建设,学校课程管理的组织机构设立包括人员配备、机构建立及责任分配,即学校领导班子的领导与监督、全体教师的素质与结构、学生的全程参与、专家介入、家长和社区的支持、课程领导小组的建立。三是资源利用,课程资源方面是指学校的硬件设备,包括基本设备,如图书馆、实验室、活动室等,与校本课程直接相关的条件准备,如特色教室、校本教材等;也指学校拥有的在地文化资源,要求学校在已有条件基础上,尽可能开发新资源,提高资源的

---

① 杨四耕. 课程实施的 18 种方式[N]. 中国教师报,2017 - 12 - 27.

利用率。四是制度建构,包括课程计划的制定、教师角色与责任分配、课程审议等的规约,课程制度是影响课程有效实施的重要因素。除了这几种管理方式,还有时间管理、主体参与、课题研究、课程研修以及特色聚焦等方式,都可以有效地推进学校课程发展,这也是学校整体课程规划需要好好思考的议题。

　　7. 变革学校课程评价

　　课程评价是指根据一定的价值标准,通过系统地收集有关信息,采用定性、定量的方法,对课程立意、计划、准备与投入、实施、效果等方面作出价值判断并寻求改进途径的活动与行为的总和。课程评价指向课程模式产生的全过程,而不是某个方面,在课程模式建立的各个环节都要有相应的监督与评价,在保证每一个环节达到标准的同时,才能使课程模式的整体达到预期的标准。课程立意的评价即对课程建设指导思想的评价,指标在于是否与社会的教育价值观相一致、是否与学校发展的实际情况相一致、是否与受教育者对教育的客观需要相一致等;课程计划的评价包括课程设置、课程结构、课程内容、课程形式和课时安排等方面的评价;课程准备与投入的评价主要包括资源(硬件与软件)、人员(学生与教师)、环境(校园环境与文化)等的准备情况;课程实施的评价主要关注教学过程的有效性,包括教师的"教"与学生的"学";课程效果的评价则主要是以课程设计目标为标准,考察学生发展情况、学生的满意度及其他相关主体的满意度。学校课程建设需要依据本校课程评价的价值取向,制定适合本校实际的评价标准或指标。同时,每一个环节的课程评价重点关注的不是评价的结果,而是与评价标准之间的差距以及如何在新循环的课程建设中加以改进。有学者认为学校课程评价是以学校课程为对象开展的评价活动,对学校课程进行科学评价,可以系统地描述学校课程的存在样态与实际效果,并以此作为学校课程不断改进的抓手。学校课程评价包括以下四个方面:学校课程内容的文本分析、学校课程实施的过程关照、学校课程建设的特色呈现以及学校课程建设的主体表达。① 这些观点对我们都是有启发的,学校整体课程规划要特别关注课程评价方式的多维运用,合理把握课程评价在课程发展全要素和全过程中的作用,尤其是要运用多种评价创意在实践层面关注

① 李红恩.学校课程评价的意蕴、维度与建议[J].教学与管理,2019(12):1-4.

对学生、对教师以及对课程本身的评价。①

学校课程模式的建构是在环境改变与矛盾运动中逐渐生成的,有其内在逻辑结构。在学校整体课程规划过程中,我们要将学校课程模式的各构成要素尽可能想得周全一些。这样才能基于特定的课程发展情境,提出适合学校课程发展的教育哲学和课程理念,形成各要素紧密联系的课程模式(如图 3 所示)。

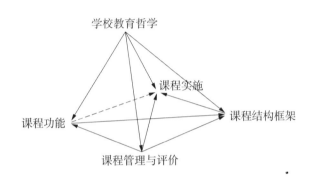

图 3 课程模式要素关系

四、走向课程自觉的美好境界

很显然,对中小学而言,课程模式不会自然生成,它需要借助学校整体课程规划,进行多方面的探索与深层次的思考,才有可能得以生成和发展。一般而言,课程模式的生成方式分为两种:归纳式和演绎式。其中,归纳是基于学校已有的课程实践的再提炼,可理解为"实践探索——总结提升"方式;演绎是基于一定课程哲学的再演绎,可理解为"理论先行——实践验证"方式。这二者都属于理论定向的模式,寻求的是普遍

---

① 杨四耕.学校课程评价的 18 种创意[N].中国教师报,2019 - 1 - 16(6).人大复印资料《中小学教育》
2019(4)全文转载。

适用的、规则性的通用陈述,是为了获得普遍的课程论知识。这也是"普通课程论"或"背景课程论"的使命。

我们认为,从"普通课程论"走向"实践课程论",从"背景课程论"走向"场景课程论",这是当代课程理论发展的一个方向。① 在研究视角方面,我们需要从宏大庄严视角转向具体变革实践,关注具体学校与具体课程;在研究价值方面,我们需要从追求普遍理论转向改善变革实践,以理解实践、改善实践为追求;在研究思维方面,我们需要从逻辑思辨转向经验实证,把扎根研究作为方法论,采取经验总结、循环实证等研究方法,寻求个性化的课程模式,探究情境性的课程理解,提高具体场景中课程实践能力。这也是学校课程模式生成与建构的基本立场。

学校课程是具有情境性和价值负载的文本,个性化课程模式的生成要综合采用归纳与演绎的循环思维,宜采取"理论、研究与实践互动"的生成方式。这种生成方式既考虑理论的意涵与观照,又不脱离学校情境,它是以学校的客观条件为基础,以学校课程发展的实际问题为切入点,以理论为指导,边研究边行动,在实践中总结提炼,又在实践中加以验证与改造,在理论与实践的互动、互补、碰撞与修正中生成学校课程模式。在这里,课程理论不是高位的,也不是实践的依附,而是反思与解读学校课程实践的工具,是介入课程变革实践的一种智慧。"理论、研究与实践互动"体现了课程模式生成的过程性、实践性和建构性。这也说明,学校整体课程规划是多主体共同参与的过程,是对学校课程变革进行意义赋予的过程,是"课程人"追求心灵自由与解放的过程。

著名社会学家费孝通先生倡导"文化自觉"。在他看来,文化自觉是生活在一定文化历史圈子的人对其文化有"自知之明",并对其发展历程和未来有充分的认识。换言之,文化自觉就是文化的自我觉醒、自我反省、自我创建。我们要研制学校整体课程规划,提升学校课程品质,也需要有起码的文化自觉,这个文化自觉便是课程自觉。它是人们基于对课程的理性认识,为着课程品质的提升而有清晰的目标意识和科学的路径观念,自觉参与课程变革实践的理性之思与理性之行。课程自觉是一种有密度的自觉,它不是一个简单概念,而是一种思想、一种行动、一种文化,包含课程自知、课程自

---

① 杨四耕.场景课程论:当代课程理论发展的一个方向[J].教育学术月刊,2021(11):3-10.

在、课程自为、课程自省以及课程自立等基本构成。

当我们通过学校整体课程规划,有了清晰的课程自知的时候,我们一定是对学校课程情境有了自觉的理解,对课程理念和愿景有了清晰的判断,对课程内容和框架有了整体的认知,对课程实施路径和方位有了多维的把握。

当我们通过学校整体课程规划,有了透彻的课程自在的时候,我们一定是完整地把握了学校课程的自在处境,清醒地认识到课程变革的制度环境和现实可能,进而意识到哪些是可为的、哪些是不可为的;哪些是必须做的,哪些是可选择的;哪些是自己即可为的,哪些是需要制度支持的。

当我们通过学校整体课程规划,有了积极的课程自为的时候,我们一定是积极地卷入了学校课程变革,并通过自觉行动弥补了我们对课程自在的不满足,通过直面本己的课程实践培育了一种奋发有为的变革文化。

当我们通过学校整体课程规划,有了深刻的课程自省的时候,我们一定是如杜威所言"思我所思(thinking about thinking)",主动且持续地审视理论、信念和内在假设,基于理解、反省、批判和论证,选择合适的方式应对可能的情境。

当我们通过学校整体课程规划,有了持守的课程自立的时候,我们一定是认识到了课程变革是自己的事,要有自己的立场、自己的创见,自持自守,不为外力所动,不随波逐流,进而"回到粗糙的地面"(维特根斯坦语),自觉参与到课程变革中来,并在此过程中提升着自己,确证着自己,成为"自己的国王"。

诚如费孝通先生所言:"文化自觉是一个艰巨的过程。"让课程意识从"睡眠状态"、"迷失状态"到"自觉状态",当然也是一个艰巨的过程。面对丰富的实践,面对专业的挑战,这个过程不是一个简单的流程,它需要我们在学校整体课程规划与实施中不断反思与提升,才能走向课程自觉的美好境界。

第一章　学校课程情境分析

　　课程情境分析是学校课程发展的起点，是学校中相关群体自觉的课程探究行动，是对学校课程发展优势和劣势的总盘点。课程情境分析借助SWOT、KISS等工具，依据政策和多种信息资源，对课程开发的历史和现状、师生的课程兴趣和能力、学校的组织特征和课程资源以及社区的课程资源等各课程开发的重要条件进行深入分析。

　　课程情境分析是学校课程发展的起点，是学校中相关群体的课程探究历程，是对学校课程发展机遇与挑战、优势与劣势的总盘点。后现代主义思潮对普遍理性持批判的态度，承认差异存在的合理性与价值，倡导文化多元；后现代主义课程观强调课程的开放性、多元性、创造性和内在性。因此，学校整体课程规划要遵循情境理性，关照校际间的差异性，而这种差异性的主要来源就是学校课程情境的不同。只有经过审慎而周密的情境分析，学校才有可能明晰当前和未来的课程发展定位，作出有利于学校未来发展的高质量的整体课程规划。

一、为什么要分析学校课程情境

　　学校为什么要分析课程情境？一直以来，我国的学校既没有自觉分析课程情境的传统，也缺少分析课程情境的实践。在全国统一的课程方案下，课程结构、教材、科目、教学时间都统一设置，学校无需考虑这些课程方案与学校文化脉络、学校未来发展的适切性问题。但是,自90年代开始,在三级课程管理体制和课程民主化理念的推动下,学校课程规划日益成为学校发展的必然选择。[①] 而分析课程情境则成为学校规划课程,提升课程和教学品质的首要环节。

(一) 提升国家与地方课程的适应性

所谓课程情境,是指课程发展阶段所涉及到的宽广的教育环境。[②] 一所学校的发展存在不同层次的环境,对学校日常运作影响最大的往往不是社会的宏观环境,而是学校的组织域(organizational field)。所谓组织域,可以说是学校运作的微环境,是"产生分配特定的服务或产品的活动领域,包含产生所需要的服务或产品的组织以及供应、消费、支持它们的组织或群体"。[③] 对我国的学校来说,组织域主要由市、区县一级的教育行政主管部门、学校周边社区、学生和教师群体等组成的课程开发的"微观"情境。[④] 在学校课程体系中,国家课程和地方课程仍然占据大部分的比例,学校组织域为国家课程和地方课程的实施提供了现实背景与平台。由于学校的组织域存在巨大的差异,国家、省、市统一开发的国家和地方课程如果只是执行"自上而下"的实施策略,往往难以切合学校的实际需要。

在宽松的课程管理氛围下,学校拥有更多的课程自主权,不再是国家课程和地方课程的简单执行者,而是校本化理解的能动创造者。基于学校课程情境分析,使课程实施结合学校自身的实际情况,保持清醒的情境意识,把握课程情境因素,达成课程情境期待,从而提高学校的课程决策水平,提升国家和地方课程的适应性。

因此,学校需要在体察自身发展特色的基础上做出改编、调整、整合、替换、删减等多种课程活动,从内容和形式上对国家课程和地方课程加以改造,使课程内容更契合学生的发展需求,使课程体系更加完整与合理,保障国家课程和地方课程实施的广度与深度,丰富其实施的价值与意义。

---

① 崔允漷. 学校课程规划的内涵与实践[J]. 上海教育科研,2005(8): 4-6+20.
② 蔡清田. 学校整体课程经营——学校课程发展的永续经营[M]. 台湾:五南图书出版公司,2002: 32.
③ Scott, W. R. *Institutions and organizations*: *Ideas and interests* [M]. Sage,2007:89.
④ 夏雪梅. 课程变革的实施过程研究: 学校组织的视角[D]. 华东师范大学,2007.

（二）协助教师确定课程行动的方向

学校课程情境分析是对影响课程发展的多种条件因素的认识、理解与行动的过程，不仅涉及对学校课程现实情况的认识、发现课程发展存在的问题，还包括对课程发展变化的规律和趋向的认识，是动态性理解与创造性行动的过程。教师是课程开发与实施的主体力量，在课程建设中起着举足轻重的作用。课程情境分析，使教师了解学校课程发展的现状，明确课程开发所拥有的资源优势，发现课程实施中存在的问题、与课程目标之间的差距，从而确定课程改进行动的方向。

从某种意义上说，课程情境的分析不仅是改革学校的课程，也是改变教师的过程。学校课程情境的分析是一种"自下而上"的自觉的探究行动，而不是一种"自上而下"的行政命令，也不是对既有数据的罗列和功绩的夸耀，教师在这个过程中，逐渐明确课程发展的趋势，同时也不断提升着自身的素质与能力。课程情境的分析结果，宏观层面上，可以帮助教师明晰自身在学校整体课程的角色定位，它的数据可以作为教师开发课程，进行课程探究的素材和参考。一旦参与分析，教师就不仅仅是课程的被动消费者，在一定程度上，他已经成为课程的主动需求者与批判者。微观层面上，可以使教师明晰课程有效落实的关键因素。课堂不单纯是课程的实施场所，它也是教师检视学校课程条件的实验室。这就要求教师以一个研究者的身份进入课堂教学实践，使教师自身成为一个研究者，一个对自己实践不断思索的"反思性实践者"。同时，在课程情境的分析过程中，学校应有意识地纳入教师，消除教师在后期课程规划过程中的抗拒心理，帮助教师明确课程行动的方向，进而改进教学品质，落实学校层面的课程开发。

（三）有助于打造学校的核心竞争力

学校课程情境分析是课程建设的前提，而课程建设是学校发展的核心内容，也是打造学校核心竞争力、形成学校品牌的关键。一所学校，无论以什么样的名称和标志去描述自己的办学理念、办学品牌或者办学特色，核心的表现都是课程。

目前，我国学校不仅已经有能力自己制定改革的方向，而且必须发展出一种促进更新的能力并为此创造条件和机制。对学校课程情境的分析，其实就是一次学校深度"知己"的过程。正如古德莱德所说，这是学校工作人员必须培养的自我更新能力。^① 通过这样的课程之旅,学校能够清晰地分析内部优劣与外部机会,了解学校所处的平台和机遇,从而挖掘学校特色课程资源,开发校本特色课程,并最终形成特色课程体系,以特色课程筑起学校的核心竞争力。学校的核心竞争力是学校长期形成的、蕴涵于组织内质中的、学校独具的、支撑学校过去、现在和未来的竞争优势,是学校在长时间的竞争环境中持续发展的内在动力。^② 课程情境是客观的、变动的,情境分析则提供了学校课程改革的历史脉络;是因校制宜的,情境分析从学校实际出发,充分挖掘和利用当地的自然地理环境、风土人情、文化传统等有利因素,利用学校已有的资源优势凸显学校的个性;是整体性的,情境分析从系统观出发,将课程发展涉及的各方面要素进行全面梳理,整合各方面资源,保证目标的协调一致,以课程瓶颈为导向,推动课程的未来发展。可见,学校核心竞争力以课程为支撑,以课程情境分析为根基。

二、学校课程情境分析的基本维度

学校课程情境由多项要素构成,可以分为校内与校外、显性与隐性等多项类别。学校内环境,包括中心的确定及其影响的存在两个要件,即以学生与教师为中心,含物质环境、制度环境、心理环境和实践活动环境;学校外环境则是以家长、社区、政府为主体所构成的教育网络。因此,于一所学校而言,课程情境分析则包括以下要素:学生和教师的课程态度与能力,学校的组织特征和课程资源,课程开发的历史与现状,社区的课程资源。^③ 对上述要素的分析都应从优势和劣势两方面综合考虑,如此才能在后期的课程开发中扬长避短,人尽其才,物尽其用。

---

① 古德莱德.一个称作学校的地方[M].苏智欣等译.上海:华东师范大学出版社,2004:295.
② 单松涛.学校核心竞争力的构成要素与特色学校的创立[J].教书育人,2012(14):14-15.
③ 蔡清田.学校整体课程经营——学校课程发展的永续经营[M].台湾:五南图书出版公司,2002:32—60.

（一）学生的课程态度与能力分析

学生的发展是课程建设的出发点也是落脚点,作为课程实施的主体,学生是课程情境分析中必不可少的要素,既是情境分析的客体也是情境分析的主体。

作为分析客体,一方面要分析学生的基本情况,也称为学情分析,包括学校学生数、学生年龄状况、男女生比例、学生家庭背景、学生的知识、能力、情感、意志、兴趣等,对学生的人员构成、素质结构、心理结构有大致的了解。另一方面要分析学生的课程需求,包括学生对原有课程的评估和感受,学生的课程兴趣集中在哪些方面,学生具备了怎样的课程经验、学生能力发展的方向等。这关系着学生对待课程的态度,影响着学生对课程的兴趣与投入。从很多学校课程开发的成功经验来看,对学生课程需求的判断需要注意如下一些问题:在判断学生的需求时,学校、教师往往存在"过度自信"的问题;学生的需求在不同时代会发生重大变化,定期评估很重要;学生需求有可能和学校教育哲学发生冲突,要在课程框架中有效解决;学生的需求不仅应该成为开设校本课程的基础,还应该成为改进校本课程的基础。

作为分析主体,学生具备一定的课程情境分析能力,这点往往被学校所忽略。正如迈克尔·富兰所说,"当成人考虑到学生时,他们把学生当作变革的潜在受益者,而很少将学生视为变革过程与学校组织的参与者"。[1] 在学校整体课程规划过程中,学校通常把学生排除在课程情境分析主体之外,忽略学生的主体意识与能力;而学生的生活经验与价值,不仅能直接体现其课程需求,还能最大限度地挖掘和扩大课程资源的价值。学生作为分析主体,与同伴分工合作,参与课程情境分析与课程开发,利于增强学生自信心,保持良好伙伴关系,保持课程主人翁意识,从而保证课程实施的效益。

（二）教师的课程态度与能力分析

教师是课程开发与实施的重要主体,也是课程情境分析的重要因素。教师的课程态度与能力分析包括以下内容。

其一,教师基本情况分析。教师群体基本情况分析,包括教师数、年龄分布、性别

---

[1] Fullan M. The New Meaning of Educational Change (3rd. ed.) [M]. NY: Teachers College Press, 2001: 151.

比例、学历结构、职称结构、专业结构、身体健康状况、师生比、工作量负荷、学术专长、科研成就、经济待遇等;教师心理分析,包括性格、认知风格、价值观、仪态、入职动机、学业能力、进取精神和牺牲精神、事业心、责任感、情感、意志、态度、人际关系等;教师一般素养分析,如教师的学科知识水平和教育教学技能等。

其二,教师的课程态度分析。课程态度直接影响着教师的课程开发行为,态度分析包括教师在以往课程开发中的行为表现、参与课程开发的积极性、课程开发准备情况、课程开发的质量与实施情况,同时结合教师专长与课程开发的经验,帮助教师提炼课程兴趣点,使教师在能力所及和兴趣范围内,以积极主动的心态投入到课程改革行动中。

其三,教师课程开发的意识与能力分析。多数学校教师仍然习惯于接受已有的课程安排,按部就班地执行课程,缺乏课程开发的意识,也没有相应的课程资源敏感度。有些教师即使有课程开发的意愿,却缺乏课程开发的能力。因此,课程情境分析需要了解全体教师的课程意识准备情况、教师具备了哪些课程开发技能、还需要在哪些方面予以改进。在此基础上,学校可以通过校外的专家团队给学校教师以相应的培训与指导。

除此之外,学校还应在工作量的计算、课时津贴等制度上进行改革,提升教师参与课程规划的积极性,将教师的特长、爱好转化为课程资源。尤其重要的是,学校并不应该将教师看作是进行课程规划的工具,而应将课程规划的过程看作是提升教师专业素养的渠道。

如广州市真光中学"宽银幕课程"规划方案中,对教师情况进行了分析:

课程发展的优势

学校现有 48 个高中教学班,学生近 2 500 人;教师 227 人,其中享受国务院特殊津贴专家 1 人,特级教师 3 人,高级教师 72 人,研究生学历 16 人,在读研究生 14 人,国家、省、市骨干教师 45 人,数学、物理奥林匹克竞赛教练 8人。学校群贤毕至,名师辈出,成绩斐然。

课程发展的空间与生长点

教师的课程意识有待进一步提高。学科教师队伍较强,但教育科研力量较弱,师资整体力量较强,但仍有部分教师难以适应课程发展的需要,部分教师对新课程理念和学校的办学目标、办学理念理解不够,课程意识不够强,课程的执行力、开发力、评价力参差不齐,影响了课程建设与课程实施。为此,需要对有关教师进行培训,在课程发展中进行合理的人员调配组合,需要借助有关专家的力量进行课程发展的设计。

——摘自《广州市真光中学课程规划》

(三) 学校的组织特征和课程资源分析

学校的组织特征和课程资源是课程情境的有机组成部分。学校组织特征分析包括了解学校的组织结构、规章制度、管理要求是否适应当前的课程开发需求,即课程管理的层次与幅度是否合理、权责是否匹配、制度是否合理有效,能为课程开发提供权利保障和制度保障。

课程资源分析是课程开发的重要前提,只有不断挖掘课程资源,才能发挥其教育价值,使课程要素进入课程,保持课程的生命活力。课程资源有广义与狭义之分,广义的课程资源指有利于实现课程目标的各种因素;狭义的课程资源仅指形成课程的直接来源。有多种类别,如校内资源、校外资源和网络信息化资源,有形资源和无形资源,素材性资源和条件性资源等。[①] 这里主要指校内资源,校内素材性资源,包括知识、技能、经验、活动和方法等,通过课程设计能够成为课程的某一要素;校内条件性资源不能直接构成课程要素,但是课程开发与实施必不可少的条件,如学校人力资源、财力资源、物力资源、时间资源、信息资源等,具体包括校园运动场、教室、图书馆、礼堂、实验室、实验基地、教学设备、音像资料、教材教辅等。这些课程资源影响着课程开发与教学计划设计,影响着课程的实施,为师生的发展提供了各种可能性。校内课程资源分析则在于,了解学校的软、硬件设备是否满足课程规划的需求,如何最大化这些资源的价值,学校还可以开发利用的课程资源有哪些等等;同时遵循资源调查、资源分析、资源规划三个步骤,逐步建立学校的课程资源开发机制,保障资源的合理有效利用。如常州市北环中学课程发展优势与不足分析:

---

① 宋振韶.学校课程资源开发与利用的原则与途径[J].中小学管理,2004(12):9-11.

课程发展优势

一是丰富的课程资源为学校课程建设提供了可能。包括校外的在地文化资源,校内的自然资源,如草本植物、藤本植物、灌木等;人力资源,如校内组织再造(人事部、年级部、研督部、后勤服务部)等;校内教学空间及设备资源充分利用。

二是校本课程开发取得重大成果。已开设的校本课程,如乔丹俱乐部、铿锵玫瑰、郎平俱乐部、青春魅力、羽毛球、小合唱、翰墨书香等等,吸引学生的积极参与;七八年级每学期各开设30门左右的校本课程,校内课程资源基本能充分利用。

三是校本研修机制为课程建设提供了保障。学校在"和"文化的引领下,利用网络平台,构建学校的校本研修机制,并建立相应的配套制度,优化集体备课机制,共享教学资源,观课评课机制日益健全、教研方法不断改进。

课程发展空间与生长点

一是"和"文化建设需要进一步彰显与提炼。目前,"和"文化在学校管理和班级建设中体现得相对充分和有效,但是在课堂教学中如何体现?

二是学校需要培养一批既能践行"和"文化精神,又能胜任"效能课堂"的师资队伍。学校"效能课堂"的打造,对教师提出了更高要求,教师可能要付出更多的时间与精力,同时还要面临放弃以往熟悉的教育教学方式,建立新的教育教学行为的痛苦。

三是校园环境与学校文化建设的要求还不相适应。总体上学校现有校舍及运动场地十分有限,一定程度上限制了学生社团、综合实践等活动的开展;学校校园环境的布置还不能完全演绎"和"文化关于"敦笃忠恕"的儒家精神。

——摘自《江苏省常州市北环中学课程规划》

(四) 课程开发的历史与现状分析

学校课程发展是一个持续不断改进的过程,需要在实践中不断总结完善,学校每一阶段的课程改革都是一次经验的总结,为下一阶段的课程改革提供借鉴。因此,学校课程情境分析也包括对课程开发历史的系统梳理以及对现状的解读。学校课程改革的过程总是与国家的课程发展政策相呼应,不仅要分析研究国家的教育方针政策、课程政策、教育理论和课程理论,研究教育改革和课程改革的走向,还要研究学校微环境下的课改历程。

当前大多数学校的课程是"加加减减",很少进行有意识地分析和创造性地生成,往往是上级颁布了一个新政策或方案,学校马上就决定另开或不开一门课程,而忽略了与原有课程的衔接、融合。长此以往,学校的课程越来越繁杂,使教师和学生难以适从。

从课程发展的大背景看,自从 20 世纪初创办新学校开始,学校就有类似的课程探索。50 年代就有学校自编教材,学生参与编写的情况在中小学中也时有所见。1979 年在北京举办的全国青少年科技展览的展品中,就有中小学生的小发明、小创造、小论文,这是第二课堂、课外活动开展的结果。① 在 50 至 60 年代、80 年代左右,国家和一些省份进行了一些课程实验,如活动课程、整体课程、第二课堂、兴趣小组等等,当时很多学校都进行了尝试,积累了一些经验。在 2000 年以来的新课程改革中,又出现了一批新的课程形态,如研究性学习、校本课程等。除此以外,学校中的老师也会自己设计一些新的课程形态,如沙龙课、自主阅读课等等。从学校微环境看,要对学校课程传统、每一次课程改革在目标、结构、内容、实施等方面的探索进行全面梳理。学校应该系统分析这些课程开发的经验,提炼出学校课程建设的优势和劣势。

课程情境分析的重要一环就是分析过往和现行课程开发的利弊得失,进而总结得出:学校现行的课程框架存在的优势和不足,当下和未来课程发展的需求,学校的未来发展任务所需要的改进。

(五) 社区的课程资源分析

校外的课程情境分析以社区的课程资源最为典型。社区环境是学校课程规划的重要影响因素。不管是在工商业区或文教区,还是在城市中心、乡村或郊区,社区环境

---

① 董纯才. 课外活动的意义和原则[J]. 人民教育,1984(12): 17-18.

都对学校的办学有显著的影响,不同的社区环境决定了不同的学校文化。如何充分开发与利用社区课程资源,使其与学校课程融为一体,为学校课程发展服务,是学校课程建设的重要议题。

社区课程资源是潜在的,隐含在有形与无形的社会资源中,不具有直接的、显性的课程价值,需要主体进行合理有效的赋值并提升其课程潜能,使隐性的课程要素进入显性的课程资源领域,转化为现实的课程组成部分或实施条件。而在当前的教育发展中,虽然一直提倡"社区教育化"和"教育社区化"思想,但学校与社区之间依然处于隔离状态,社区处于课程开发的边缘地带,学校社区教育意识淡薄,也缺乏争取社区支持的主动意识。社区课程资源的分析、开发与利用则为学校与社区之间的有效互动提供了契机。

社区课程资源有着丰富的内容,可以分为文化资源、人力资源和物质环境资源。文化资源包括社区物质文化、组织文化、精神文化和活动文化,人力资源包括社会各界的先进人物、知名人士、专家学者、离退休干部、学生家长等,物质环境资源包括自然环境、文化体育设施等。[①] 敬老院、大自然、海港码头,甚至教师的家都可以成为学校可供利用的课程场所,极大拓宽了学校的课程资源范畴。这些资源有的可以直接作为学校课程的素材或来源,有的则为学校校本课程的开发提供必要的条件。社区课程资源分析主要关注:学校所处的社区主要是什么形态? 社区中主要的教育观念是怎样的? 社区对学校及学校课程所秉持的一贯态度是什么? 社区对学校有可能推出的新的课程发展项目将有怎样的反应? 社区中可以利用和开发的课程资源有哪些? 等等。

社区资源的课程化有两种途径,一是将课堂延伸到社区中去,一是把社区融入学校中来。[②] 即学校充分利用社区的文化资源、组织机构,定期组织学生到当地的图书馆、博物馆、动物园、科学馆、著名文化风景区等进行实地参观与考察;或者利用社区机构的设施与场地开展教学活动;或者是邀请社区知名人士或者各专业人士进入学校,通过课程、讲座、活动等形式给学生具体的指导。

上海市中华路第三小学"百草园课程"规划,则充分利用了社区资源,将其有机纳

① 李燕. 试论社区课程资源的开发和利用[J]. 西南民族大学学报·人文社科版,2003(12): 175 - 177.
② 孙建荣,冯建华等. 憧憬与迷惑的事业——美国文化与美国教育[M]. 北京: 中国社会科学出版社,2000: 137,155.

入到课程中,开发了多项校本特色课程。

　　学校位于上海老城厢,老城厢似"园",这里曾经是"古远"的上海政治、经济、文化中心,有豫园、城隍庙、大境阁、小桃园、清真寺以及名人故居,文化"矿藏"丰富,宛若"百草园"。置身于其中的"中三小",有着取之不尽的课程资源。

　　"百草园"的课程文化与课程框架形成于萌生了深厚底蕴的草根之"茎"。有了老城厢的老屋旧宅,火灾频发,就有了十年前的校本消防课;有了旧屋大拆大建,学生们搬进新居,就有了六年前数学与生活紧密相连的《小明的新家》校本系列课;有了老城厢市民对改变地位、崇尚先进技术、掌握新技能的强烈愿望,就有了学校信息技术课和对双语教学的研究与活动设计等等。"百草园"课程最终从"茎"发展到"畦",从"畦"发展到"园",在充分挖掘在地文化资源和充分利用社区机构、设施等基础上,构建了"百草园"课程框架,课程内容有:"网络快车道"课程侧重于培养学生的兴趣特长和信息处理能力,"心灵细雨"课程侧重于培养学生的心理健康和生活态度,"红色119"课程侧重于培养生命价值和自我保护能力,"芝麻开门"侧重于培养探究精神和创造能力,"古城情怀"侧重于培养人文情怀和传统文化,"七彩旋律"侧重于培养审美情趣和艺术修养,"生活中的数学"侧重于培养科学态度和思维方式,"漫步地球村"侧重于培养世界眼光和开放意识,"小手建家园"侧重于培养科学技能和共生意识。

　　在课程实施上,包括课堂教学、专题教育和社会实践活动三个板块。如"红色119"生命教育课程,通过一系列的综合活动,让学生在学习消防知识、实践逃生演习中体悟生命的重要性,在三年级开展,渗透于多个学科,如体育课"火场逃生"、美术课"学画消防标志"、劳技课"学打消防绳结"、品社课"家庭逃生"和"公共场所的逃生"、探究课"消防队员的好帮手——消防车"。利用生活中的消防标志,让学生学会识别和解读;组织学生向社区消防员学习如何救火与逃生等等。

——摘自《上海市中华路第三小学课程规划》

有必要说明的是,学校课程情境分析是综合的,需要对影响学校课程发展的各个环境与情境因子进行多维度的分析。如广州市黄埔区深井小学的学校课程情境分析就是这样的:

学校课程发展优势

深井小学具有得天独厚的地理文化优势,处于广州保存得比较好的古村落之一——深井古村,毗邻黄埔军校,被广州市誉为"美丽乡村",又是市民向往的世外桃源。深井古村人杰地灵,文人辈出,风景名胜颇多,古建筑物保存完好,深井的特产远近闻名,非物质文化遗产丰富,课程资源丰富。学校虽小,但精致典雅,有一支有专业追求的教师队伍。2015年被评为"广州市义务教育特色学校",学校正走着一条健康发展、特色发展的变革之路,确立"深仁厚泽,井养不穷"的办学理念,进而提出了"让孩子带得走的能力"的理念。

1. 拥有丰富的在地文化课程资源

深井小学具有得天独厚的地理文化优势,处于深广州保存得比较好的深井古村。深井古村内保存了许多有年份的建筑物,有文塔、古桥、古墟、自梳女居所、祠堂,大部分的两层木质阁楼既有中西结合,又具有岭南特色的蚝壳窗,建筑研究价值很高。18世纪深井被清政府指定为法国海员的休憩地,故深井被称为"法国人岛"。深井崇文重教,现有状元夹的石刻和巷道命名记载深井曾有七个进士和几十个举人、贡生(其中进士一巷、进士二巷、进士三巷、书房巷等巷名至今保留)。名人有清末乐善好施救济灾民,研制水雷破敌的凌朝赓;1885年在京城考取进士第六名,官至直隶布政使的凌福彭;不失民族气节的警察厅厅长凌鸿年;20世纪20年代与冰心、林徽因齐名的"文坛三才女"凌淑华;宁死不屈的广州市委书记凌希天等。立足于深井小学这样的文化背景,我们从社会、教师、家长三方面,充分发掘所在社区深井村、本校教师及家长的课程资源,梳理其资源项目、教学所用及德育所用,为学校新时期的课程发展做好资源整合之用。其分析,见表1-1。

表1-1 深井小学社区课程资源分析

类别	资源项目	教学所用	德育所用
社会资源	大学城高校	学科专项训练课,主题讲座,课外学业及心理辅导	学会与人沟通交往
	善德助学基金会狮子会华文服务队	举办各类主题活动,引入社会教育资源	学会感恩教育
	社区志愿者	诗词讲座,书法培训、足球训练	培养良好性情,多才多艺
	市少儿图书馆	阅读课外书,撰写学习心得,评选书香少年	培养阅读兴趣,提高文学欣赏和表达水平
	当地驻军	参观军舰、军营、开展国防教育	学习军人铁一般的纪律
	黄埔军校	参观学习,撰写日志,了解军校历史	培养黄埔军校小小讲解员
	辛亥革命纪念馆	参观学习,撰写考察日志,了解辛亥革命历史	培养辛亥革命小小讲解员
	社区霸王花基地、中山湿地(观鸟)	参观、种植、观鸟,撰写日志	熟悉身边自然环境,认识掌握动植物生长特性,体会人与自然和谐共处的美好
	社区古民居、深厚的文化历史	运用非遗文化整合学科资源	培养热爱家乡,建设家乡的责任感
	黄埔区青少年宫驻我校的分教点	按照学生家长及学生意愿开设有美术、书法、语言艺术、舞蹈、吉他等课程,教师专业水平较高,每周一节	培养兴趣,激发潜质,让学生有一至两个特长
	广东武星基地(武术进校园训练)	学校与世界武术冠军贺敬德创办的广东武星基地签订了战略合作,由经验丰富的武术冠军教练执教,全校每班一周一节武术课,并组建学校专业训练队伍	感受中华武术传统文化魅力,传承发扬武术精神
	足球俱乐部训练点	专业足球教练开设兴趣班,组建学校足球训练队,教练队伍敬业,资源平台大,近两年足球队员成长进步快	学会团队合作,增强意志力,掌握体育基本技能

续表

类别	资源项目	教学所用	德育所用
社会资源	越秀区青少年四健荟发展中心	一至三年级绘本故事公益课堂,每周一节	培养阅读习惯,沟通亲子桥梁
	古筝	社区公益机构教师具备较好的古筝乐理,利用课余时间免费指导师生学习演奏。黄埔区青少年驻我校的分教点负责老师可以协作指导训练	陶冶情趣,培养气质师生
	管乐团	社区公益机构进驻学校,每周一次管乐训练	陶冶情趣,培养气质师生
	国画	社区公益机构进驻学校,每周一次专业指导	陶冶情趣,培养气质师生
	广州市灰塑研究院	全国小学唯一开设的国家级非遗文化灰塑课程,传承人刘娟率领研究院团队建立了工作坊结合艺术教育,激发学生创作兴趣,传承非遗文化	树立非遗文化保护意识,传承创新,培养传承的苗子
	咏春拳	咏春拳传承人岑兆伟及社区咏春拳爱好者共同指导	
教师资源	足球、毽球(校内外)	两名体育教师热爱体育教育工作,工作认真踏实,对足球、毽球、羽毛球等都具有较高的指导水平,学校大课间、体育课等能渗透训练,参加各类全国省市区比赛都有较好的成绩,但未能编印有此方面的校本教材,需要整理收集。校外有足球俱乐部训练点在我校开置兴趣班训练,每周三次	学会团队合作,增强意志力,掌握体育基本技能
	武术	广东省非遗文化(传统武术)传承人李建亮任教	中华武术文化传承与发扬
	书法训练	学校内外有书法基础较好的教师为每班一周开设一节书法课,其中外聘指导老师指导水平较高,曾在全国多项书法比赛中荣获优秀指导奖	感受中华传统文化魅力,并传承发扬

续表

类别	资源项目	教学所用	德育所用
家长资源	家委会成员	设立教育爱心基金	发挥家委会的作用,成为学校与家长联系的纽带
	志愿者	亲子活动,家长俱乐部讲坛	

2. 拥有多元的社会支持单位

我校毗邻大学城高校,丰富的高校脑力资源源源不断地向我校输入,各校大学生每周给孩子们上社团活动课、主题教育课,孩子们又到高校参观学习,感受大学校园的学习氛围。还有广州市委组织部搭建的全国红军小学的手拉手活动、善德助学活动、广东省狮子会华文服务队、绘本故事、岭南非遗灰塑、咏春传人的义教等,增添了我们的课程内容。

3. 学校内涵提升与特色发展有明确的聚焦

学校从原来的全区办学规模最小、拟被撤并的薄弱学校,发展到今天成为广州市义务教育特色学校,我们坚持"深仁厚泽,井养不穷"的办学理念,让每个孩子在深井这块纯净古朴的土地上安来学习,乐于实践,进而提出了我们学校自己的课程理念,让每个毕业于深井小学的学子都满怀自信,成为新时代的有为少年。

总之,丰富的在地资源文化,多元的社会支持,以及明确的办学理念使得学校课程具有了内部发展动力和强烈的地域文化特色,呈现出多元化发展趋势。

学校课程发展空间

虽然学校已找到课程建设的思路和抓手,但是还需对学校教育哲学进行深度思考。并在此基础上对学校的课程发展进行"顶层设计",通过资源的深度开发、教师课程开发意识与能力的提升,以学校特色的凝炼与丰富多元的发展为目标,创造学校课程发展的新生长点。

1. 学校课程哲学的进一步厘定与丰富问题

深井古民居建于明末清初,学校深受传统文化熏染,人文底蕴深厚,校风教风淳朴。师生高度认同和珍爱这种乡土文化,以各种形式撷取和提炼深井古村在历史长河中形成的、具有鲜明地域特征、民族特征的观念形态和行为准则,并将之融入学校办学思想体系之中,追溯古村文化办学根基。2013年2月,学校以乡土文化的根脉寻求内涵发展为历史背景提出了"传承古韵,彰显特色,办人民满意的学校"的办学愿景,构建扎根乡野具有"古风新韵"的特色课程。在新的历史条件下,为了进一步明晰学校的办学理念、丰富课程内涵、促进学校可持续发展,我校于2015年在对学校办学历史梳理的基础上,结合"古风新韵"的特色课程,把深小建成一所立足广州市美丽乡村,创设适合每个孩子愉快成长的学习环境,进而明确了"深仁厚泽,井养不穷"的办学理念。由于该理念提出的时间较短,需要一个过程让广大教师认同。

2. 在地文化资源的深度开发与利用问题

学校地处深井古村,丰富的文化资源是学生认识自我,了解社会、关注生活的重要载体;学校毗邻广州大学城,丰富的脑力资源是学生学习的平台;学校还拥有多方支持的社会团体、机构,他们为学校的教育注入多元的途径。但目前还没有真正进入课程与课堂的深处,系统性不强,利用率不高,对学生能力的培养指向性不明确。

3. 教师的课程开发仪式与能力问题

自2014年以来,学校开展非遗文化服务学习,我校老师都参与了课程统整、校级小课题研究,更有已结题的省、市、区级的多项课题,校本课程的研发已形成一种开放的、民主的、科学的课程意识。但教师开发特色精品课程的专业能力比较欠缺,学校的校本研修一般都偏重于教师的专业知识技能和教育知识技能的再学习与再提高,在帮助教师优化课程开发过程、有效实现课程目标等方面所做甚少。

4. 学校课程建设的系统性和结构化问题

学校课程没有形成体系,课程的目标与育人目标的内在逻辑关系,学校课程的内容体系与现行的国家课程、地方课程体系的关系,学校课程的实施、课程评价等几个方面的问题有待解决、完善。

学校课程的建设是提升学校办学内涵的主要载体,是发展丰富学校文化的关键途径。课程文化是学校文化的根本表现,它丰富和深化了学校文化建设的内涵,为新一轮学校文化建设提供了新的视野和新的要求。通过课程开发,可以促进学校文化的建设与发展,使学生的个性得到充分张扬,学校特色得以充分彰显,学校文化得以充分释放。

——摘自《广州市黄埔区深井小学课程规划》

三、学校课程情境的分析策略

明晰课程情境分析包含哪些内容之后,我们还需要运用一定的策略分析学校的课程情境并将这些分析的结果运用于课程规划。学校课程情境的分析可以借助如下一些策略。

(一) 借助各种工具

学校课程情境分析是基于学校的,从学校实际出发,挖掘学校拥有的潜力,充分利用学校的优势资源。一般说来,分析学校课程情境常用两种工具。

一种是强弱机危(SWOT)分析。"S"即 Strengths,表示学校强项和优势;"W"即 Weakness,表示缺陷与不足;"O"即 Opportunities,表示机遇;"T"即 Threats,表示危机和威胁。学校可以根据上述课程情境的基本内容,也可以自行设计分析框架(可包含地理环境、人文资源、政策环境、课程与教学现状、行政领导、学生、教师、上级主管部门、课程资源等因素)。在进行 SWOT 分析的基础上,学校可根据实际情况进一步扩展,如进行 SWOTA(Action)分析或者 SWOTS(Strategy)分析。

SWOT 分析要求在学校中进行,通过访谈、座谈、民主调查等方式,由校长、全校师生共同参与探讨、分析,是广泛对话和彼此合作的过程,最终形成解决问题的方案,保证方案落实的民意基础。在 SWOT 分析的过程中,需要回答以下问题:一是学校所处的文化生态环境有哪些优势,哪些可以开发成为学校的校本特色课程,社区有哪些优势课程资源,学校的办学传统如何进行扬弃,学校内部拥有哪些优势与不足,时代背景下对教育发展有哪些新要求,学校课程发展面临哪些困惑;二是哪些人和事有助于发展,哪些人和事可能导致滞后;三是什么人或事是最重要、最急需改变的。[①]

如南京市珠江路小学"种墨园"课程规划,在进行学校课程发展条件分析时,则采用SWOTS分析,分析维度包括校园环境、教学设施、师资结构、学生特质、家长期望、行政人员,分析向度包括S(优势)、W(劣势)、O(机会点)、T(威胁点)、S(行动策略)。这里以校园环境分析为例,如表1-2所示:

表1-2　珠江路小学课程发展条件分析

分析向度	S(优势)	W(劣势)	O(机会点)	T(威胁点)	S(行动策略)
校园环境	1. 墨韵气息浓郁; 2. 环境布局较合理; 3. 拥有珠江路IT家长的资源; 4. 邻近北极阁、总统府、东南大学等地,周边有丰富的博物馆资源; 5. 交通便利,与外界交流便利。	1. 面积窄小,教学楼陈旧; 2. 因为学区多为老小区,所以地段生较少(近两年在籍人数调查,均为40人左右)。	1. 位于珠江路电子一条街,从事IT行业人员增加,带来择校生增多(近两年报名到我校借读人数达到一百多); 2. 周边IT行业、博物馆等资源丰富,有利于学校校本课程的开展。	1. 周边社区环境老旧,影响校园景观; 2. 位于闹市,停车不易,交通繁杂,不利于学生出行的安全。	1. 加强学生人文素养,建设富有学校特色的课程文化; 2. 运用社区资源开发多样化的校本课程。

同时,学校对区域资源特色也进行了调查,包括生活资源、地方资源、人力资源和环境资源,并将每一项资源特色进行了课程设计,运用于各个年级。

据此,了解学校课程建设已经具备的优势,同时也发现课程建设存在诸多问题:课程价值缺乏深度思考、课程开发庞杂、课程内部建设不规范、个别课程建设疏离了学校办学方向等。学校也开始思考"课程开发的切入点在

① 徐高虹.课程规划:学校层面的课程实施[J].教育发展研究,2008(24):76-79.

哪"、"如何适应每一个学生的真实需要"、"课程如何把握学校自身的特色"、
"如何让课程的设置关注到学生的个别差异"等问题,并作为课程规划的
方向。

——摘自《南京市珠江路小学课程规划》

另一种是对现有的课程项目进行 KISS[保留(Keep)、改进(Improve)、启动(Start)
或停止(Stop)]检视,并以此为分类框架对现有课程进行归类;在 KISS 分析基础上,确
立常规项目[一般需要保留(Keep)的课程项目即为常规项目]和需要发展的项目[一
般需要改进(Improve)或启动(Start)的课程即为发展项目],同时保持二者的均衡。①

(二) 借助政策

课程政策是一个国家对课程改革与发展作出的官方规定,其核心在于对教育的课
程权力分配作出回答。课程政策不仅反映了本国的政治、经济和文化情况,而且对课
程实践给予相当的约束力,因而也就必然成为学校规划课程的重要基础。② 课程政策
赋予了学校进行课程开发的自主权,在对学校整体课程规划予以约束的同时,给学校
的课程情境分析指明了方向,也使课程问题得以聚焦。学校可以在进行课程规划之前
明确课程情境分析的维度,以及每一个维度的具体分析内容。因此,学校应系统理解
国家、省、市、区(县)等各个层面上颁布的政策,使自己的行为有所依据。

(三) 借助多种信息来源

学校的课程情境分析是由学校课程开发委员会组织运作的,需要聆听来自各个利
益相关主体的声音,从不同的视角看待学校课程发展问题。因此,课程开发委员会的
组成人员应该是多样的,广泛分析来自学生、教师、行政人员、社会代表等多方面的信
息,做到不偏不倚。学校课程委员会应深入了解学生、教师和家长对现行课程的看法

---

① 蔡清田.学校整体课程经营——学校课程发展的永续经营[M].台湾:五南图书出版公司,2002:
　　60.
② 靳玉乐,董小平.论学校课程的规划与实施[J].西南大学学报(社会科学版),2007(5):108-114.

和意见,在综合分析这些调查结果基础上,对学校现行课程作出准确判断与评价。

通过这些策略,学校得出主要的结论以及相应的解决办法。一所学校的课程往往有多个优势点和多个需要改进之处,一次学校课程规划不可能解决所有的问题。学校需要在此基础上根据学校的课程哲学和相应的课程目标设置优先发展的项目,制定详细的行动方案和评价方案。

如,南京市第九中学弘光分校在课程规划过程中,对课程发展基础的每一要素都进行了优势与挑战分析:

（1）学校文化

优势:学校以"兼容并蓄,和谐发展"的核心价值观引领文化建设,人性化管理调动了老师们的积极性,教师的个体主观能动性和工作热情得到充分发挥。

挑战:强调个性发展的同时刚性要求不足,部分教师对课程理念的理解还有偏差。

（2）师资队伍

优势:随着学校办学规模的迅速扩大,教师队伍也迅速年轻化。目前全校老师平均年龄37岁。年轻教师占了半壁江山。

挑战:缺乏领军人物,市一级的带头人严重不足;年轻教师经验缺乏。

（3）周边资源

优势:学校充分利用周边的科研院所、大专院校等资源为办学服务,为学生的全面发展、个性发展提供平台。

挑战:如何选择和利用好这些资源,通过一定形式固定下来,形成稳定的、可以纳入学校课程的项目。

（4）活动课程

优势:学校在科技小组的基础上形成科技课,已纳入学校课程体系;将体育舞蹈的部分内容纳入体育课程,将自编的"弘光拉丁操"作为大课间活动项目之一;我们利用社区资源,将游泳项目纳入体育教学……

挑战：面对诸多的活动，我们如何统筹安排？如何通过某种制度，将这些安排固定下来，形成学校的传统？

（5）学科教学

优势：学校积极参与玄武区"三全五优化"课堂教学模式的研究，形成了一些成果；结合校情，积极进行教育教学管理和改革的探索，积累了一定的经验。

挑战："教育教学和管理是无止境的"，还有许多诸如"高效课堂"、"学生智慧发展"等问题等待我们研讨和解决。

——摘自《南京市第九中学弘光分校课程规划》

总的来说，好的课程没有固定的标准，只有是否适合学校当下的情境。上述策略能够帮助学校在错综复杂的情境中迅速理清线索，总结出学校的优势项目和薄弱项目，从而更清晰地确定学校的课程哲学和课程目标。

第二章　学校课程哲学思辨

　　学校课程哲学是学校对自身课程使命的一种价值判断,是"课程人"思考与处理课程和教学事务的方式,是在历史与现实的碰撞中不断扬弃与取舍的过程。学校的课程哲学可以在课程史上已有的课程理念、师生据以做事的方式、学校的办学理念、我国当代的时代精神中寻找与提炼。课程哲学要用本土而独特的语言表述,并善用其来指导学校表面课程和内在课程的建设。

　　课程与哲学的关系密不可分,哲学制约着课程观的产生、发展与变革,影响着课程研究范式与课程基本理论的形成,为课程变革提供方法论基础。课程哲学不是课程加哲学,而是课程中生长出来的哲学。① 课程哲学是对课程的一种哲学性的反思,是对课程改革指导思想、理论基础、政策制定以及思维逻辑的合理性、合法性、科学性的一种前提性的追问,是对"人为什么受教育"的终极问题的追问。所谓"纲"举"目"张,课程哲学作为学校课程规划的"纲",必然要起到指导课程目标的建立、课程内容的筛选、课程实施的运作、课程评价的制定的功用。

一、如何理解学校课程哲学

　　哲学是理解与解决课程问题的前提,哲学观的转变推动着课程改革的进行,而学

---

① 张楚廷. 课程与哲学[J]. 当代教育论坛,2012(1): 126 - 128.

校在课程的哲学基础转向中,逐渐形成着自己的课程哲学。学校课程哲学有着多重内涵,具体表现在以下几个方面。

(一) 学校课程哲学是学校对课程的一种本质性理解

哲学本体论研究的是世界的本源、心物关系的问题,具有普遍性的指导功能。学校在课程建设中,以什么样的哲学观作为指导,就会有什么样的课程理解,从而提出相应的课程主张。立足于哲学的高度,从本体论视角看,学校课程哲学首先要回答"课程是什么"的问题,研究课程的本质,揭示出课程与其他教育要素之间的区别与联系。

学校课程哲学的确定蕴含着对课程本质的深刻认识与理解。从课程概念的发展轨迹可以看出,对课程本质的认识一直处于变化之中。在西方教育史上,自斯宾塞首先提出"课程"这一术语,课程最初被界定为"教育内容的系统组织",西方教育学者在此基础上不断拓展课程的内涵,课程的本质理解也在不断丰富。随着哲学流派的演进、课程观的转向,课程的本质被认为是知识、经验、计划、目标、结构等,课程本质的认识不同,课程建设的指导思想、课程的理论建构、课程的实践策略也会不尽相同。例如知识观下的学校课程建设,关注学科课程和知识的系统传授,强调教育要为学生的未来生活作准备;经验观下的学校课程建设,关注经验与活动对学生生长与发展的价值,强调教育要从学生的现实生活出发;目标观下的学校课程建设,关注学生学习的结果,强调教育的目的性等等。不同时期课程本质的探讨都有其优势与局限,学校要结合自身课程改革的历史与现实,以动态化的观点,对课程本质作出正确判断与恰当选择。对课程本质的正确理解,也促使着学校的课程改革行为更接近教育的本性。

对"人的本质是什么"问题的反思与追问是思考课程问题的重要起点,课程旨在促进人的发展。学校在探索课程本质问题的过程中,首先要对人的本质、人的发展的内涵有全面深入的了解,才能实现课程认识与理解的本真回归。

(二) 学校课程哲学是学校对自身课程使命的一种价值判断

要理解学校课程哲学,还需要思考"学校设置课程是为了什么"、"学校的本质是什么"、"学校的使命是什么"、"为什么要在学校这个地方建立课程哲学"等学校课程价值论问题,探讨课程的价值取向、课程价值的冲突与融合等。诚如古德莱德所言,与所能记忆的任何时候相比,我们现在更没有耐心去讨论上述一些最基本的问题,①价值的探讨久已被学校所忽视。

但是,价值问题又是不可回避的,渗透在学校的每个课程决策中。学校和教师的课程思维和课程工作是建立在价值基础上的。在价值日益多元化的当代社会,更有必要对课程的伦理价值问题进行深入的探讨。我们到底要学校的课程做些什么? 传授更多的知识并用常模准则来测试来衡量吗? 还是更能照顾每个家庭的志向和信念? 或是培养公民感和公民责任心? 我们如何理解学校和课程的本质和功能,就会决定我们在理解学校课程哲学时是如何思维、如何展开的。

如果学校认为教育的基本之能是顺应社会,那么所选择的课程目标,所设置的课程就不会从改造社会入手。如果学校将学术知识凌驾于实用知识之上,那么所选择的课程目标和课程设置就不会有实用知识的余地。如果学校认为学生的兴趣应该屈从于学校和社会的权威,那么学校所选择的课程目标和课程设置就不会为学生的个体价值留下空间。

从课程哲学的历史来看,基本的价值取向有如下几种: 个人功用主义的价值取向;社会功用主义的价值取向;课程内在价值论。② 我国的学校教育一直以来都很关注社会功用主义的价值取向,强调"为中华之崛起而读书","为了祖国的四个现代化建设"。而近些年来,随着社会思潮带来的对个体价值的关注,学校课程中个人功用主义的价值观取向逐渐浓烈,诸如"读书就是为了娶美女挣大钱"③之类的言谈虽不登大雅之堂,却是学校内现实价值取向的一个折射。课程内在的价值观是把教材看作是满足学生的好奇心、求知欲和促进理性进步的手段,在纯粹的求知过程中寻求乐趣。

学校是一个复杂的组织,它承担了很多教育之外的目标,虽然杜威强调教育除了自身以外是无目的的,但在实际的学校情境中,否认上述价值观的存在是不现实的。我们应该在这几种价值取向中寻求平衡。诚如杜威在《经验和教育》(Experience and Education)中所言,不要简单地向某一方的观点靠拢,而要找出存在冲突的原因,有必

---

① 古德莱德. 学校的职能[M]. 沈剑平译. 台北: 桂冠图书公司: 1999: 8.
② 崔允漷主编. 课程良方[M]. 上海: 华东师范大学出版社,2007: 190 - 201.
③ "读书为了什么"与"为了什么读书"[N]. 青年时报,2006 - 4 - 13.

要制定一个操作性很强、深层次的、更具包容性的计划。① 如南京市第十三中学科利华分校：

> 基于学校"创设优良学习生态，为学生优质发展奠基"之办学理念，融合后现代课程观的诉求，提出了"后绿色课程"之理念，"让每一个学生在这里自由呼吸"之课程哲学，学校希望学生能够感悟绿色，展现活力，健康成长。"让每一个学生在这里自由呼吸"的课程哲学体现了以学生发展为核心的价值取向，其课程使命表现为：
>
> 追求让每一个学生个性发展，健康成长。尊重学生的认知规律和成长规律，采取适切的教育教学方法，创造有利的条件，进行有益的引导和整合，促进学生身体和心理的健康，促进学生勤学善思，成为"雅气质，宽胸怀；勤学习，善思考；会健身，乐生活"的阳光学子。让每一个生命健康快乐地成长，让每一个生命的光彩自然充分地显现，让每一个学生都成为发展的人、幸福的人。
>
> 通过构建促进学生绿色成长的"后绿色课程"体系，丰富学生的品德形成和人格健全的经历，丰富学生潜能开发和认知发展的经历，丰富学生艺术修养和体育健身的经历，丰富学生社会实践和动手操作的经历等，满足学生共性的学习需求和个性发展需求。
>
> ——摘自《南京市第十三中学科利华分校课程规划》

（三）学校课程哲学是学校群体思考和处理课程与教学事务的方式

从哲学方法论的角度看，学校课程哲学也表现为学校群体思考和处理课程与教学事务的方式。学校群体的课程行为是有目的、有计划进行的，总是在一定的课程思想指导下，在对课程有深入了解的基础上，对课程实施对象进行评判，对课程内容、课程实施策略加以选择；课程行为方式则是其内在课程哲学的外在表现，不同的学校课程

---

① 杜威. 经验和教育[M]. 李培囿译. 重庆：正中书局，1942：101.

哲学,会有不同的课程作用方式。

学校存在既有的课程哲学,虽然校长和教师们可能无法非常清晰而明确地表述出来,但它就像一种软性的胶合剂,就像隐性气流或海洋中的暗流一样,在学校制定的课程计划和大纲中、教师的课堂教学中、学生的作业中随处可见,通过师生群体们种种"做事的方式",塑造了学校的课程图景。因此,对学校课程哲学的理解,当然需要理论上的思考、哲学上的思辨,但更应该像理解学校的文化一样,应该而且必须是直面学校的现实,从学校的实际出发,从学校的各式各样的文化现象中挖掘,"在事实中考察"①。正如克利福德·格尔兹(Clifford Geertz)所强调的:"必须关注行为,而且要有某些精确性,因为文化形态正是在行为之流——或更精确地说是社会行动——中得到描述。当然,它们同样也在各种人造物和各种思想状态中得到表达;但它们的意义来自它们在现行生活模式中扮演的角色。"②这也是理解一所学校课程哲学的基本方式,从学校课程哲学产生的源头中去发现,在学校各种行为事件中去体味,最终融入和欣赏这幅课程"蓝图"。

(四) 学校课程哲学是一种在扬弃中保留本质的过程

纵观课程发展的历史,对课程的理解从静态的知识、内容、计划等到动态化的活动与学习过程,可见,对课程的认识一直处于变化完善之中。同样地,学校课程哲学也应该以动态的观点加以考察。

学校课程哲学同时具有稳定和变化的双重属性。所谓稳定性,课程哲学是行为背后稳定的、长期的课程意义指导,是"为什么"的问题,而不是"是什么"、"包括什么"的问题,是一种精神,是一种"无意识力量"③,即学校共享的核心价值观。它的形成本身经过长期的过程,同时在一段时间内指引学校的课程实践,让教师和学生们在其指导下稳步地发展。

所谓动态性,课程哲学应该是随时代的发展而变化的,当今时代的迅猛发展已经对学校课程的价值定位提出了新的要求,课程哲学中有些观念已经不适应时代的需

---

① 周勇. 提炼学校的文化精神: 教育叙事与建构学校文化[J]. 全球教育展望,2004(3): 12-14.
② 克利福德·格尔兹. 文化的解释[M]. 纳日碧力戈等译. 上海: 上海人民出版社,1999: 20.
③【澳】科林·马什. 教师初任手册[M]. 吴刚平,何立群译. 北京: 教育科学出版社,2005: 325.

求,从而打破了课程观念系统的平衡,需要新的强有力的观念与实践弥补这种不平衡,以走向新的平衡状态。处在时代发展洪流中的学校应该时刻保持思考的动力:什么是我们应该坚守的?什么是我们应该吸纳的?什么是我们应该抛弃的?因此,学校课程哲学的提出并非一蹴而就、一劳永逸,它是一个不断自我更新的探索和完善过程。随着时代的变迁、学生的发展变化、教育的不断发展,学校必须不断反省自己的课程哲学。一所学校的课程哲学有其永恒的主题,也会随着社会的变迁注入新的内涵,产生新的阐释。

二、怎样提炼学校课程哲学

提炼学校课程哲学的过程是聚焦、扬弃的过程,更是研究、构建的过程。提炼学校课程哲学必须直面学校实际,在已有的课程哲学理念中,在教师和学生现有的做课程的方式中,在学校的课程历史和传统中寻求自己个性化的表达。

(一) 源于已有的课程哲学理念

整个 20 世纪的中国学校课程史是一个东西方思想不断碰撞、交融的过程。[①] 我国被视为"伦理哲学"的儒家哲学以及被视为"精神哲学"的道家哲学;西方教育史上,杜威的崇尚社会和经验的课程哲学、提倡以"社会问题"为中心的改造主义教育哲学、强调人类文明精华的要素主义教育哲学、提倡"永恒学科"的永恒主义教育哲学、前苏联的以知识和教师为本的课程观、后现代的混沌课程哲学理念、泰勒的行为主义课程哲学理念等,这些东西方的课程哲学思想表现出不同的取向,或以知识为取向、或以学生为取向、或以社会为取向,有着不同的课程观,侧重点不同,或关注学生的未来生活、或关注学生的现实生活、或关注学生现实生活与可能生活之间沟通的道路,但都对我国学校的课程建设有着深厚的影响,给学校课程变革的各个方面提供启示。学校可以

① 陆有铨.躁动的百年:20 世纪的教育历程[M].济南:山东教育出版社,1997:12.

从这些已有的哲学理念中汲取营养,吸取关键要素,结合学校的实际情况加以转化,形成自己学校独特的课程哲学理念。

如南京师范大学附属小学课程哲学的提炼,则是基于学校"爱的教育"建设成果,形成了符合自身实际的"爱的课程",即底色课程、主色课程和亮色课程,也称之为爱的"三原色课程",鲜明地体现了一种以学生为本的课程观点。

这种"爱的教育"被理解为:爱是一种知识,在课程活动中让学生明白真爱的本质与含义;爱是一种能力,爱需要能力感知与表达;爱是一种智慧,让学生在社会实践中构筑起人生观与价值观。

爱的"三原色课程"对课程的理解表现为:是基于童心,关注儿童立场,向着孩子的未来出发的;是行于爱心,用教师全部的爱托起孩子明天的希望的;是立足当下,关注细节,从"我"做起,从"小事情"做起,多方面丰富学生的学习经历的。以此培养有爱心、会生活,有童心、会游戏,有慧心、会学习的素质全面、个性鲜明、健康活泼的"立体的人"。

——摘自《南京师范大学附属小学课程规划》

(二) 从教师和学生现有的处理课程和教学的方式中找

学校课程哲学不仅源自于课程理论观点,也隐藏在学校群体的课程行为方式之中,我们也可以从学校现行的或未来的"据以做事的方式"中提炼学校课程哲学。学校可以通过如师生员工个人访谈、专题研讨会、问卷调查等各种方式,对学校进行全面调研,尽可能多地把学校管理者和师生员工对学校的感受、体验、建议等展现出来,作为提炼学校课程哲学的原料;也可以从学校的书面材料中查找关于学校的运行机制、操作程序、师生活动记录,从校园网上搜索有关材料等等。另外,还可以从学校的愿景中挖掘学校的文化因素。学校愿景往往会成为学校成员共享的目标,成为学校自我完善与自主运作的机制,成为学校发展的方向。

当然,我们不可能对教师和学生的所有课程行动都进行完整的了解,而只能通过"闪光点"去感受、去提炼,即学校课程行动中的典型事件、人物、行为、现象等。总之,实际行动中的考察，能真正提炼出属于学校特质的活泼的课程哲学。如南京市中央路小学课程哲学的提炼，源自于 6 年的小班化教育实验成果，教师与学生现时的课程与教学行为有了重大变化：

　　课堂上学生学得更有趣，教师教得更有效，课堂发言百分百，每课一次合作学习；课外竭诚为每一个孩子提供优质服务，引领儿童快乐学习，健康成长！读书存折、报刊周记、"中和奖"、成长档案、快乐星期六、善爱银行、魔法车等；学校的创意节、读书节、低碳节、运动节、游戏节等系列健康月活动浸润童心，张扬个性，深受学生的喜爱；孩子们在自己的节日里通过阅读、研讨、制作、操作、查阅资料、短剧、绘画、游戏、设计、评鉴等方式习得知识、形成技能、养成习惯；每人一岗、档案评比、民俗实践、体育竞赛、故事汇、我是升旗手等常规活动更是创造了让孩子们健康生活、全面发展的可能。同时学校结合由"中"达"和"的道德哲学与生存智慧，将"中和精神"作为学校文化的生长点，提炼学校的课程理念为：快乐学习，自能发展。对课程的理解表现为：

　　课程即情绪。坚持学生学习兴趣的发展之序，即"有趣——乐趣——志趣"这样前后衔接的"兴趣链"，因而需要在一定范围、一定程度上突破传统的按部就班的顺序。

　　课程即引领。自能教育需要引领，作为教育基本方式的引领，要把学生的心和行引向、领向教育目标。因而，引领就要对学生的心和行加以约束，成功的引领对受教育者而言不是被动的驱使而是主动的奋进。

　　课程即主体性自我实践。学生自能发展的基本途径是"主体性自我实践"，即教育主体以主体性精神，以自我的归属，提高发展机能，形成发展机制，培养发展智慧。

——摘自《南京市中央路小学课程规划》

（三）从学校的办学理念中找

办学理念是一所学校的灵魂与旗帜，关系着学校整体的根本性变革，关系着学校群体生存方式和精神状态的转变,是学校实现跨越式发展的前提。办学理念是学校发展中的一系列教育观念、教育思想及其教育价值追求的集合体,内含学生观、教育观、学校观①,对学校群体的行为具有规范、引导、激励和内聚的作用,是学校各方面工作开展的行动指南。课程是学校办学实践的轴心,课程哲学作为关于课程的观念系统和价值判断系统,应与学校的办学理念保持一致。办学理念指导着课程哲学的探索,课程哲学体现着办学理念的内涵。

　　从学校办学理念中挖掘课程哲学,可以从几个方面着手:其一,学校课程如何践行学校的学生观、教育观和学校观,学校课程是怎样的;其二,学生是怎样通过课程获得发展的,发展的程度与目标是什么;其三,课程价值取向与教育价值取向保持一致,涵盖工具性价值与育人价值;其四,课程目标与学校发展目标保持一致,构建怎样的校园为课程建设指明了方向,提供了条件。如南京市第十三中学红山校区整体课程规划中:

　　　　学校的办学理念是:尊重生命,建设生态型学校。学校倡导尊重学生的个体差异和身心发展规律,坚持面向全体学生,创造一切有利条件,营造生态和谐的校园,追求学生成才、教师成功、学校成名的全面发展。

　　　　基于学校的办学理念——为促进每一个初中生在三年的学习生活中获得成功的体验,努力走向成功,学校确立了"让每一个学生走上成功的立交桥"的课程理念;同时提炼出了"让每一个学生在原有层次上有所进步,获得快乐,能够选择属于自己的个性化的成功路径"的课程哲学。学校倡导尊重每一个学生的认知基础和个性发展需求,为学生的优质发展搭建多元化、可选择、有层次、能融通的"立交桥课程"。

　　　　　　　　　　　　——摘自《让南京市第十三中学红山校区整体课程规划》

以上可以发现,学校课程哲学表达与学校的学生观、教育观保持一致,即面向全体

---

① 郭元祥.论学校的办学理念[J].教育科学论坛,2006(4):5-8.

献资料中寻找学校发展中的重大课程事件、典型的课程表述、各种规章制度等,明确学校有过哪些课程行为,包括课程目标、课程内容、课程实施等,从学校课程发展的总结报告中,了解课程改革的成功经验。其二,还可以收集学校各个历史阶段有代表性的、有意义的课程故事,如可以组织一些亲历学校发展的人,特别是历任校长或退休教师,请他们讲述学校发展过程中的典型事件,也可以组织一些已经毕业的学生,让他们谈谈在学校生涯中的难忘经历、对他们影响最大的人与事等等。当然,从课程历史与传统中提炼课程哲学,还需要结合学校课程发展的新环境与新要求,在进一步改进的基础上,才能形成学校现实的课程哲学。如广州市真光中学,学校文化底蕴深厚,形成了"真光就是爱,爱就是真光"之文化,在"宽银幕课程"规划中,课程哲学的提炼继承了学校"真光教育"的文化传统。

　　"真光"即为"真理之光",一方面强调学生从学校中获得的科学文化知识与技能,即为"真";另一方面强调运用所学服务社会,成为社会有用之才,即为将"真"转为"光",用于照亮他人,以"行"影响社会,这种"行"是为对社会的改造与创新,进而提出了学校课程哲学——"真光教育",其精髓表现为:

　　真光教育是一种爱的教育,引领学生追随"真理"之火,追求光明之希望;真光教育是一种行的教育,将所学运用于实践,解决实际的问题;真光教育是一种创造的教育,将学生培养成具有创新精神与实践能力的时代新人;真光教育是一种具有岭南风格的素质教育,在烙印了岭南特征的真光校园中,个性化地实施素质教育;真光教育是一种博雅教育,培养身心全面发展的理想人格。

　　真光教育的目的不是给学生一种职业训练或专业训练,而是通过基本知识和技能的学习,培养身心全面发展的理想人格,或者说努力让学生"广见识、宽基础、厚人格、雅气质",发展丰富健康的人性。

——摘自《广州市真光中学课程规划》

三、用学校课程哲学指引课程建设

学校课程哲学是我们提出课程规划方案的首要基础。课程哲学的提出并不是为了追求时尚，束之高阁，而是要在学校组织内广为传播，为人所熟悉、熟记、熟用，引发教师和学生课程、教学行为的变化。学校要有意识地将这些变化渗透于表面课程、内在课程中，在长期的规划中改变原有的课程哲学，形成新的课程哲学。

（一）用本土、独特的话语表述课程哲学，以利于记忆、传播和分享

好的课程哲学的表述可以增强课程哲学的感染力，在最短的时间内为教师、学生和家长们所熟记和传播。语言的采用应该注意以下几点：第一，具有较强的包容性和延展性，应能统整课程哲学的基本内涵，涵盖学校在一定时间内的价值取向；第二，避免正确的废话，当前的很多学校机械套用政治、经济等领域的时髦话语，这些话语放之四海而皆准，无法对学校的发展起到实际性的作用；第三，简洁明了，精要地表达学校共享的核心价值观；①第四，要使用本土化、独特的语言，便于全体师生认同与接受，确保学校文化能转化为各种实际行动。学校课程哲学本土、独特的话语表达，使全校师生不仅能读懂文字的表面含义，更能分析出文字背后的假设、意图、预设与价值观；学校群体在课程理解上能很快达成共识，实现视域融合，实现课程意义的创生。如南京市成贤街小学课程哲学的表达就比较符合上述要求：

> 学校的办学理念表现为：以"成人、成才、成贤"为目标的"三成"教育。
> 据此，学校提出了"人有其贤、人人成贤"的课程哲学，即每个学生都有闪光点和可取之处，每个学生都可以成为符合社会需求，能够实现其自身价值

---

① 崔允漷，周文叶.学校文化建设：一种专业的视角[J].教育发展研究，2007(9)：29-33.

的人。课程哲学的内涵具体表现为：

——尊重学生的个性差异，让学生根据自己的能力和兴趣自主选择适合自己的课程。让学生在学习中发掘自身的潜能，培养兴趣，获得自信，找到自我。

——学校在发展学生各方面智能的同时，必须留意每一个学生在某一或两方面的特别突出的能力。教师要引导学生热切地追求自己的内在兴趣，并将之逐步发展为特长或专长。教师要根据教学对象和教学内容而采取灵活多样的教学方法，因材施教，以学定教。

——社会是多样化的，对人才的需求也是多样化的。在课程评价过程中，不应以考试分数、学习成绩作为衡量学生的唯一标准。当学生未能在其他方面表现优异时，不要让学生因此而受到责罚。在正常条件下，只要有适当的外界刺激和个体本身的努力，每个个体都能发展和加强自己的能力。

——摘自《南京市成贤街小学课程规划》

成贤街小学"人有其贤、人人成贤"的课程哲学，简单明了，便于师生理解，涵盖了学校课程哲学的基本内涵；同时与学校地名紧密结合，凸显地方特色；学校将"三成教育"转化为"三成课程"，以课程哲学为指导，大力构建多样化、立体化的主题性学科活动课程，创造性开发赋予学生充分地自主选择权的自主性创新兴趣课程，确保课程哲学转化为师生的实际行动。

（二）在表面课程和内在课程中贯彻课程哲学

古德莱德区分了表面课程和内在课程。所谓表面课程，指教师通过课程指南提供的课程，即学校为学生开设的课目，为这些课目列出的教学题目、测试的内容和所使用的教材等等。而附加课程或课外活动等，也被认为是表面课程的一部分。内在课程是指所有那些传授表面课程的教学方式——强调背诵事实或强调解决问题、侧重个人表现或合作性的活动、要遵循的种种规则、所鼓励的多种学习风格等。内在课程也包括学习的物质环境和体现教学环境特色的社会和人际关系给学生传递的信息。①

　　学校往往意识到要将课程哲学贯彻到表面课程中,用其来指导学校的课程目标、课程结构等,但是在内在课程方面,学校所做的往往就很欠缺了。绝大多数学校、课堂在外部环境上十分相似,教室的建筑布局、座位、用具设施、材料和设备、决策方式、师生相互作用的过程、学生小组的规模和构成、学生活动的特性等往往没有体现学校独特的课程哲学,几乎分辨不出学校的独特之处。

　　但正是这些内在课程,对学生的发展起到了潜移默化的重要作用。古德莱德认为,作为物质统一体的学校和教室也在以微妙的方式施教——它们每天在培养学生的文明举止、审美情趣和满足他们个人的生活方式时,增添或减少着自己的作用,或保持中立。② 当前,商业部门越来越认识到环境的重要性,但教师、孩子们和青少年的工作学习场所却是一片空白,这些场所里的人们对其环境的美化几乎无所作为,这确实值得我们的学校深思。试想,当我们的教师在课堂上大声呼吁学生珍爱生命,保护环境,却让学校周边的小河继续臭水横流,学校的厕所垃圾满地,学生是否真正感受到教师口号的力量呢? 而当前学校中这种表面课程和内在课程冲突的情况比比皆是,学校用课程哲学来统摄内在课程,促进表面课程和内在课程和谐统一已是刻不容缓了。

　　(三) 课程哲学的转变、重塑是一个长期的过程,需要系统的设计

　　随着社会政治经济文化的发展、学校办学条件的改善、学生身心状态的变化、教师专业技能的成长以及课程理论研究的不断深入,学校课程哲学也需要不断更新,才能继续保持课程哲学指导作用的发挥。从这个意义上说,学校课程哲学的转变是没有终点的,需要在课程实践中不断总结提炼。例如,福清市滨江小学的课程哲学就是在学校"三声"文化的基础上不断总结提炼的结果:

　　　　福清市滨江小学创建于 2008 年,位于美丽的马山之麓、龙江河畔,是一

① 古德莱德. 一个称作学校的地方[M]. 苏智欣等译. 上海: 华东师范大学出版社,2004: 212.
② 古德莱德. 一个称作学校的地方[M]. 苏智欣等译. 上海: 华东师范大学出版社,2004: 241.

所充满活力的学校。十多年来,学校秉承文化立校、特色发展的办学思路,首创"三声"文化,以"滨江融智,三声播远"为办学愿景,以"诗书养德、礼乐致和"为价值追求,构建校园文化体系,培育"阳光、聪慧、博雅、多艺"的滨江美少年,让"琅琅书声、爽朗笑声、悦耳歌声"成为幸福童年的主旋律。

这里,海潮涛声,龙江水声,林木风声,声声入耳;人文景观,自然景观,融为一体。好教育应让人闻声而至,好学校让人闻音心醉,好教师应能听会道,好学生要能读会唱……在这里,书声让人深邃,笑声使人愉悦,歌声令人陶醉。可以说,"声音"是学校文化的一个切入点。让我们循"声"而入,追寻教育的天籁之声……

1. 学校教育哲学

学校秉承"三声"文化,着力建设"书声琅琅、歌声嘹亮、笑声阵阵"的学校,努力实现"滨江融智,三声播远"的办学愿景。为此,学校提出了"天籁教育"之哲学。在我们看来,"天籁教育"是学校"三声"文化的本质抽象,是以天籁的方式培育天成之人的教育,是让人变得灵性、纯粹、自然而美好的教育,是学校发展素质教育的个性化实践样态,是学校的教育价值观和内涵发展方法论。

教育是听觉的盛宴,是滋养心灵的天籁之音,教育理应是纯粹、宁静、毫无杂质的天籁之声,学校是让生命感受天籁的地方。"天籁教育"的特质是:①自然:秉于自然,顺乎天性;②纯粹:儿童立场,育人本色;③质朴:天然无饰,回归本真;④纯情:大爱深深,情之朦朦;⑤倾听:美妙动听,直抵内心;⑥灵性:陶冶性灵,启迪智慧。

基于上述理解,我校提出如下办学理念:爱到深处,生命尽是天籁。我们认为,学校教育应遵循天性,守护天真,维护天成,追寻天籁,让每一个孩子倾听生命的天籁之声。因此,我们的教育信条是:

我们坚信,

爱到深处生命尽是天籁;

我们坚信,

教育是滋养心灵的天籁之音;

我们坚信,

学校是感受生命之天籁的地方;

我们坚信,

总有一首歌可以唱响生命的天籁;

我们坚信,

倾听生命的天籁是教育最舒展的姿态;

我们坚信,

让每一个生命沉浸天籁是教育的神圣使命。

2. 学校课程理念

基于上述教育哲学,我校的课程理念是:让每一个孩子感受生命的天籁。其具体内涵如下:

——课程即生命美学。童年是人生最美好的一段生命历程,童年生活应当是曼妙的诗篇。我们应当尊重孩子的个性需求,设计丰富多彩的课程,让孩子们找到属于自己的世界,让童言无忌,让童心飞扬,让童年难忘,让儿童彰显生命美学的气象。

——课程即美好期待。学校是汇聚美好事物的中心,让不同个性的儿童拥有同样美好的期待。在这里,课程是带着生命期待的知识,是与自然、与世界的美好邂逅。在这里,遇见美好的人、美好的事是生活的常态。换言之,课程是学校给予儿童最美的礼物!

——课程即自然生长。课程要让儿童变得放松,让孩子们感受到静悄悄的生长,让他们回想起并不遥远的梦,让儿童回想起在雨中,那雨儿是跳动的旋律。当你摔倒时,一种力量在看着你,让你回想起在蓝天下放飞纸飞机,放飞你一个个让你期待的梦。这就是生长,自然的生长;这就是课程,自然生长的课程!

——课程即文化追寻。童年是人生最珍贵的东西。学校要为儿童成长提供人生最宝贵的东西,要让孩子们展现自己最为精彩的瞬间,让校园处处展现孩子们的生命活力与成长过程,让每一个孩子都能在校园里找到"自己",要让儿童在这里追寻成长的文化印迹。

　　总之,好学校应该书声琅琅、歌声嘹亮、笑声阵阵,应该让每一个生命沉浸于天籁之声。因此,我们将学校课程模式命名为"好声音"课程。我们期望,孩子们走进校园,智慧在这里生长,生命在这里绽放。这里,将给孩子们一个天籁般的童年。

——摘自《福清市滨江小学课程规划》

　　课程哲学的提炼是价值观的进一步明确,是理念的进一步提升;课程哲学的改变是一种价值观的变化,是文化的变化,是人们做事方式的改变,是对学校课程发展新环境、新需求、新问题所作出的一种反应,不可能一蹴而就,是一个长期的过程。彼德森和迪尔(Peterson&Deal)提出的文化建构的三个关键步骤:解读学校文化;评估文化;强化积极因素,转化消极因素,重构学校新文化。① 这三个步骤与勒温的改革三阶段有异曲同工之妙,揭示了重塑学校课程哲学的基本阶段。在每一个步骤上,学校都需要花费大量的时间。这种解读、评估、重构并不仅是改变一句陈述或相关的制度文件,更重要的是改变教师、学生、行政人员的做事方式和他们的价值观念。只有当课程哲学成为一个团体的共同的体验核心,并能潜移默化地在所有成员的头脑中建立起关于这些事情的"正确"的做法的观念,并锻炼成员们具有相应的新技能时,新的课程哲学才有可能形成。

---

① 马云鹏,谢翌. 优质学校建构的取向、模式与策略[M]. 长春:东北师范大学学报,2004(3):121 -129.

第三章　学校课程愿景构建

　　学校课程愿景是学校群体发自内心的共同目标。学校课程目标是基于国家和地方的课程目标框架,经过学校课程哲学的筛选后,对学校的整体课程计划和单门课程的学习结果做出的界定。学校课程目标的制订要考虑匹配、价值、措辞、合适等多个维度,要有适当的数量,善于利用行为目标、表现目标等多样的表现形式。

　　所谓愿景,是目标的一种形象化表述。诺尔·高夫(Noel Gough)认为,在通常情况下,它可指代信息在人们感觉系统中的体现。[①] 彼得·圣吉(Peter Senge)认为,愿景是内心所持有的一种意象,它象征了追求的希望和理想,包含两层含义:愿景是发自内心的,渴望实现的愿望;愿景要建立具体生动、可以看见的景象。[②] 从第二层含义看,愿景可以看成是一个组织中各个成员发自内心的共同目标,具有感召的力量,不再是抽象的,是具体而存在的。学校课程愿景是对课程未来发展有远见的预测与期待,用充满激情的语言描述着课程的未来图景。当课程愿景得到学校群体的接受、认同和支持时,就转化成为了他们愿意为之努力的、清晰可见的共同目标。课程目标是课程决策的基础。如果没有一套清晰界定的目标,就不能够作出良好的专业判断,也难以进行后续的课程内容和实施。

---

① [美]小威廉姆 E. 多尔,[澳]诺尔·高夫. 课程愿景[M].张文军等译. 北京:教育科学出版社,2004:41.

② Senge, P. M. The fifth discipline: the art and practive of the learning organization[M]. N. Y. : Doubleday,1990.

一、怎样理解学校课程目标

课程目标是课程建设的核心与前提,简单地说,是学生学习所要达到的结果,即"学生能达到什么";其实质是"一定教育阶段的学校课程力图促进这一阶段学生的基本素质,在其主动发展中最终可能达到股价所期望的水准"。① 学校课程目标有多个层次,同时基于国家和地方的课程目标框架。确定学校课程目标,不仅有助于明确课程与教育目的、教育目标的衔接关系,从而明确课程编制工作的总体方向,而且还有助于课程内容的选择和组织,并可作为课程实施的基本依据和课程评价的主要准则。②

（一）学校课程目标处于教育目标和教学目标之间,应包含三个层次

目标有不同的层次,从哲学观——目的——目标——具体目标,一层一层逐步具体化。"教育目的"、"教育目标"、"课程目标"、"教学目标"这些概念代表着教育领域中目标问题的不同层次。理解课程目标,首先要理清这些概念之间的关系。

教育目的与教育目标。在国际教育界,教育目的与教育目标是有明确区分的,"目的"含有方向的意味,表现为普遍的、总体的、终极的价值;"目标"含有"里程"的意义,表现为个别的、部分的、阶段（具体）的价值。③ 教育目的是对受教育者的质量规格的总体要求,是所有教育工作者的出发点和最终归宿。它反映了教育与社会之间的关系,具有很高的概括性和宏观性。教育目标是教育目的的下位概念,表现为各级各类教育所要达到的预期水平和价值选择,也就是育人目标。教育目的体现着一定的教育哲学观,决定着课程的内容、性质和方向,这种作用的发挥要求将教育目的具体化为同课程的构成、教学实践有直接关系的教育目标。

教育目标的实现主要是通过学校设置的课程来达成,因此教育目标要进一步具体

---

① 廖哲勋. 课程学[M]. 武汉：华中师范大学出版社,1991：84.
② 施良方. 简论课程目标的三种取向[J]. 课程·教材·教法,1995(6)：60-62.
③ 钟启泉. 现代课程论[M]. 上海：上海教育出版社,2003：347.

化课程目标。学校课程目标包含三个层次：宏观层次为课程培养目标，是对某级或某类教育的具体培养要求，存在于国家制定的课程方案之中，如新课程改革中，提出的基础教育课程培养目标；中观层次为学段课程目标，即各学段课程总体方案中的目标；微观层次为科类课程目标，即具体学科课程标准中的目标，具有较强的操作性和评价性，是宏观层次与中观层次目标的具体化。

教学目标是课程目标的下位概念，是教师在教学实践中根据具体的课程内容和学情而制定的，可分为学年教学目标、学期教学目标、单元教学目标、课时教学目标等。

因此，在学校课程规划中，学校课程目标并不包含课堂的具体目标，而是处于教育目标与教学目标之间。结合塔巴(Taba)的观点，学校课程目标不仅可以用来描述各级各类学校范围内的教育结果，也可以用来描述某学段的教育结果，还可以用来更为具体地描述在某一学科课程所应达到的结果。① 学校应该审慎确定自己的课程目标范围，并支持教师们为自己的课程制定目标。

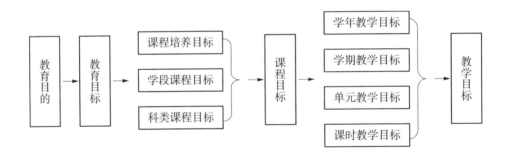

图3-1 教育目的、教育目标、课程目标、教学目标四者的关系图

（二）学校课程目标应基于国家与地方制定的课程目标并保持灵活多样性

学校课程目标具有统一性与多样性相结合的特征。一方面，学校课程目标的制定

---

① ［美］艾伦·C·奥恩斯坦. 课程：基础、原理和问题[M]. 江苏：江苏教育出版社,2002：286.

是在国家课程方案的统一要求基础上进行,以保证教育的质量;另一方面,学校的实际情况千差万别,需要有课程目标制定的自主权,结合学情灵活制定课程目标,凸显其多样化的特点。因此,学校课程目标应该根据国家与地方制定的课程目标而定,主要的精神、宗旨应该与国家的课程纲要、课程方案、各科课程标准一致,但可以更加细致、详细。一般而言,国家和地方的课程目标都具有较强的抽象性,学校应在此基础上通过课程开发委员会,将这些目标细化或调整至适合本校的课程与教学,以引导教师和学生的课程行动。

比如,国家与地方的课程目标提出了"知识与技能、过程与方法、态度情感与价值观"的三维目标的框架,学校课程目标的制定可以依照这一框架进行。但要注意的是,三维目标只是给学校提供了确定课程目标的设计思路,纠正学校课程以往过多重视基础知识与技能传授的倾向。学校在课程规划过程中,要将"三维目标"设计思路具体化为学校独特的学科课程目标体系,包括不同学科在不同学段的课程目标设置。课堂教学则是落实"三维目标"的终端环节,在课程目标体系指导下的教学目标同样需要灵活设置,不能走向另一个极端,以此为严格、唯一的准绳,将三维目标割裂分散到每一堂课,要求每一堂课都要体现三维目标;而要在对三维目标内在关系有深刻理解的基础上,根据实际课程内容进行调整。不同课程内容的侧重点不同,有的倾向于其中一个维度,有的倾向于多个维度,如果要求每一维度都平均分布,很明显是不明智的。

(三) 学校课程目标应保持内容的完整性与连贯性

学校课程目标的内容范围不能过于狭窄,而要保持完整性,即要涵盖所有的学习结果。课程目标内容的完整性源自于对人的发展的全面性的理解。对人的发展理解不同,所设置的目标框架也会不同。国内外学者都对课程目标进行了不同角度的分类,一般而言,课程目标包括四个部分:认知类,包括知识的基本概念、原理和规律,理解和思维能力;技能类,包括行为、习惯、运动及交际能力;情感类,包括思想、观点和信念,如价值观、审美观等;应用类,包括应用前三类来解决社会和个人生活问题的能力。[①] 学校在确定课程目标时,要注重这几个方面的协调统一,在课程目标内容上要

---

① 顾明远.教育大辞典(第1卷)[Z].上海:上海教育出版社,1990:260-261.

做到：基础性与发展性相结合，既重视学生的基本知识、技能的掌握，提高学生的基本素质，又重视学生综合能力的发展，培养学生的个性、创新能力、创造精神；科学性与人文性相结合，既重视学生科学素养的养成，如科学知识的获得、科学技能与科学方法的应用、科学态度与科学精神的养成等，又重视学生人文素养的养成，加强学生道德观念、思想情感的培养，塑造学生的完美人格；适应性与超越性相结合，既重视培养满足现实需求的能力，又重视着眼于未来，培养学生终身学习的能力与国际意识。

学校课程规划过程中，学校课程目标的内容也要保持连贯性，即不同学科课程目标在不同学段之间关系紧密，不能分割，而要保持内在的连续性，形成前后衔接，达成整体上的连贯性。可见，学校课程目标的确定，要打破不同年级、不同学段之间的界限，各学科、各学段的教师要加强相互间的交流与合作，共同研究，相互倾听意见，实现学校课程目标的系统性。如南京市成贤街小学课程目标的制定，如表 3-1 所示：

表 3-1 成贤街小学课程目标

课程目标 课程设置	勤健身、蕴涵养	会学习、广兴趣	乐探究、展特长
基础性学科课程	培养爱国主义感情、社会主义道德品质，逐步形成积极的人生态度和价值观，掌握基础知识和基本技能，提高身体素质、文化品位和审美情趣。	具有良好的表达能力和一定的阅读水平；形成科学的思维方式；具有一定的动手能力和创造能力；具有较高的创新力和想象力；掌握必要的体育技能。	在掌握各门课程基本知识与技能的前提下，将自己的个性特点和潜能以课程为平台获得最大化的发展，做到"人人成贤"。
……	……	……	……

——摘自《南京市成贤街小学课程规划》

从以上表格可以看出，南京市成贤街小学的课程目标，不仅重视学生基本文化素质的提高，也重视学生综合能力的培养，并致力于培养学生的个性，与"人人成贤"的课程哲学相一致。

二、如何制定学校的课程目标

从课程的始祖博比特和查特斯开始,泰勒、塔巴、埃斯纳(Eisner)、奥恩斯坦等课程学者就提出了一系列的制定学校课程目标的方法,结合我国学校制定目标的状况,我们将制定学校的课程目标梳理成以下几个方面,以帮助学校了解制定学校课程目标时需要注意的基本问题。

(一) 运用多种信息源来设定目标

学校的课程目标应该是宽广的,考虑到多个来源。学校要满足不同的需求,就必须提供广泛的而不是狭隘的教育计划。泰勒指出,要对教育目标的抉择作出明智的判断,必须有来自三个方面的信息来源:对学生的研究;对当代生活的研究;学科专家的建议。每一种信息源都有其价值,任何单一的信息源,都不能作为确定学校教育目标的基础,在进行课程规划时,要对每一种来源都加以考虑。他的目标包括以下这些方面:获得信息;养成工作习惯和获得学习技能;掌握有效的思维方式;发展社交能力、兴趣、欣赏能力和情感;保持身体健康;形成生活观。[①] 因此,学校在确定课程目标时,要以社会生活的现实与未来发展为出发点,以学生的全面发展为落脚点,对人类文化成果及时代发展产生的最新知识进行精心设计,实现社会、学生、学科知识三者的整合。

信息源的广泛性意味着参与人员的多样化。根据古德莱德的观点,学校教育目标源于一个社会政治过程;在这个过程中,人们对学校的要求也随着时间的推移而变化。这里要求包括学生和家长的期望、专业团体的立场(诸如各学科组织的立场)、公众对传授共同文化的兴趣、对学院和大学的期望,以及工商界和整个国家的经济利益。[②] 学校课程目标必须符合最大多数社会成员的利益与要求,包括教师、教育管理人员、学生、家长、社会各界

① Ralph W. Tyler. Basic Principles of Curriculum and Instruction[M]. Chicago: University of Chicago Press, 1949: 58.
② 古德莱德. 一个称作学校的地方[M]. 苏智欣等译. 上海: 华东师范大学出版社,2004: 53.

的代表等,不能迎合一部分的偏好,而忽略另一部分群体的需要。课程目标的制定过程是具有广泛代表性的人员参与选择与确定的,是民主决策的过程,而不是少数人员的决定。

　　学校应充分利用这一机会提升教师和管理人员的课程意识,增进课程技能,组织老师一起制定课程问卷、讨论学生的课程需求的合理性、参与和课程专家的对话等等。应该让学习者也清晰地认识到这些特定的目标。在课程目标的制定中,学生是潜在的资源。教师用以指导它们进行课程规划的目标与学习者的目标不必完全相同,但可以部分重叠。教师和学生在学习上的目标应该是相互配合,否则它们不可能实现。[①] 除此以外,也应该善于吸取毕业生、家长、社会代表等对课程目标的意见,广泛征求他们的看法,会给学校带来很多收获。但是,在不同群体参与课程目标的论述的过程中,不可避免带来各自倾向的课程兴趣和课程追求。在这种情况下,我们就需要实践的折中的(eclectic)艺术。正如施瓦布(Schwab)所言,课程探究需要采用集体审议的程序,通过校长、教师、学生、课程专家等各类群体组成课程小组,用有助于建设性决策的方式来审议各种建议和判断,并在实践中检验它们的可行性和效果。

(二) 运用学校课程哲学来筛选课程目标

　　目标来源的广泛性导致目标内容的庞杂,有时候甚至会相互冲突;参与人员的多样化,由于兴趣、价值、态度、需求的不同,也导致目标内容的多元化,很容易出现“众口难调”的局面。泰勒指出,并不是所有的目标都可以成为学校的教育目标,它们只是作为一些暂时性的或尝试性的目标,我们需要从中选出一小部分相互一致而又非常重要的目标。这部分目标的确定,需要接受教育哲学和学习理论“筛子”的检验和筛选,以剔除那些不重要和相互矛盾的目标。[②] 学校课程目标的确定则要经过学校课程哲学的筛选。

　　学校课程哲学隐含着课程价值观,正如格伦·哈斯(Glen Hass)所说:“价值渗透在作出的每一课程决策之中,从规划课程到班级中实施课程。”[③]当学校选择了某种课

---

① [美]弗雷斯特·W·帕克,格伦·哈斯. 课程规划——当代之取向[M]. 谢登斌等译. 杭州:浙江教育出版社,2004:9.

② 泰勒. 课程与教学的基本原理[M]. 施良方译. 北京:人民教育出版社,1994:25.

③ [美]弗雷斯特·W·帕克,格伦·哈斯. 课程规划——当代之取向[M]. 谢登斌等译. 杭州:浙江教育出版社,2004:91.

程价值观,并提出了与之相对应的行为方式时,就提出了课程目标的"雏形";而与这些价值相吻合的课程目标应该纳入学校的课程计划之中,与这些价值相冲突的,则应予以清除。学校课程哲学同样也涉及着对某种社会观念、社会主流价值观、个人与社会之间的关系等看法,在影响着课程目标选择的同时,也保证着课程目标的一致性。因此,为了能有效发挥"筛子"的作用,学校要对课程哲学进行详细分析,提取其隐含的课程目标要素,从而实现对初步课程目标的鉴别,确定那些具有高度价值的目标。

例如,郑州市创新街小学基于"创新教育"之哲学,提出自己的育人目标,并基于育人目标确定学校课程目标,比较好地体现课程哲学的"筛子"功能:

1. 育人目标

我校培养大气、智慧、阳光、灵性的创新学子。具体内涵如下:

——大气:爱家国,守规则;

——智慧:爱学习,乐探究;

——阳光:爱生活,强体魄;

——灵性:爱实践,懂审美。

2. 课程目标

为了实现育人目标,我们根据各年级学生的年龄和身心特点,将育人目标进行细化,形成了1—6年级的分年级课程目标(见表3-2):

表3-2　创新街小学课程目标表

	大气 爱家国　守规则	智慧 爱学习　乐探究	阳光 爱生活　强体魄	灵性 爱实践　懂审美
一年级	初步具有爱祖国、爱父母、爱学校、爱老师、爱同学的情感。初步形成规则意识,遵守活动规则和学校纪律,积极参与集体活动。	喜欢学习,能达到一年级学科课程标准规定的要求,初步养成良好的学习习惯,喜欢读书,有好奇心,喜欢提问,愿意倾听他人的意见,与他人平等的交流与合作,有探究的愿望和乐趣。	初步培养一定的兴趣爱好,积极参与体育运动,感受运动带来的乐趣,会玩1—2种传统游戏活动,在活动中感受生活的美好。	初步培养自己的事情自己做的习惯,培养乐于动手实践的良好心态。初步培养对艺术的兴趣,积极参加艺术活动,在活动中感受美。

	大气 爱家国　守规则	智慧 爱学习　乐探究	阳光 爱生活　强体魄	灵性 爱实践　懂审美
二年级	进一步具有爱祖国、爱父母、爱学校、爱老师、爱同学的情感。进一步形成规则意识，遵守活动规则和学校纪律，积极参与集体活动。	喜欢学习，能达到二年级学科课程标准规定的要求，进一步养成良好的学习习惯，喜欢读书，有好奇心，喜欢提问，愿意倾听他人的意见，与他人平等的交流与合作，有探究的愿望和乐趣。	进一步培养一定的兴趣爱好，积极参与体育运动，感受运动带来的乐趣，会玩2—3种传统游戏活动，在活动中感受生活的美好。	进一步培养自己的事情自己做的习惯，培养乐于动手实践的良好心态。进一步培养对艺术的兴趣，积极参加艺术活动，在活动中感受美。
三年级	了解和关心中国，热爱祖国，具有爱家庭、爱学校、爱父母的情感。能欣赏自己和别人的优点与长处，养成友爱宽容、热爱集体的品质，形成一定的处事能力。	能积极主动的学习，掌握三年级学科课程标准规定的要求，养成听说读写的习惯，对课本、自然、生活中的问题有探究的兴趣，能独立完成学习任务，能够选用恰当的工具和方法分析、说明问题。	培养兴趣爱好，发展个性特长。养成锻炼身体的良好习惯和健康的生活方式，掌握1—2种体育技能，在运动中培养坚强的意志品质。	初步养成自己的事情自己做的习惯，培养"绝知此事要躬行"的态度。积极参加艺术活动，在活动中欣赏美，陶冶审美情趣。
四年级	具有爱祖国、爱家庭、爱学校、爱父母的情感。能欣赏自己和别人的优点与长处，养成友爱宽容、热爱集体的品质，形成一定的处事能力。	能积极主动的学习，掌握四年级学科课程标准规定的要求，进一步养成听说读写的习惯，对课本、自然、生活中的问题有探究的兴趣，能独立完成学习任务，能够选用恰当的工具和方法分析、说明问题。	培养兴趣爱好，发展个性特长。养成锻炼身体的良好习惯和健康的生活方式，掌握2—3种体育技能，在运动中培养坚强的意志品质。	养成自己的事情自己做的习惯，进一步培养"绝知此事要躬行"的态度。积极参加艺术活动，在活动中欣赏美，陶冶审美情趣。
五年级	具有一定的爱祖国、爱家乡、爱社会的情感，树立奋发图强的爱国志向。遵守社会规则，懂得基本的为人处世准则，能换位思考，形成积极的人生观、责任感。	学会学习，掌握五年级学科课程标准规定的要求，养成听说读写的习惯，积极思考问题，乐于探究，能与他人合作、交流，分享感受、想法或活动成果，能从不同角度观察社会事物和现象，能够选用恰当的工具和方法分析、说明问题。	热爱生活，爱好广泛。主动参加体育锻炼，具有良好的身体素质和心理素质，掌握3—4种运动技能，在运动中激发潜能、磨练意志。	进一步养成自己的事情自己做的习惯，养成爱实践的良好习惯。主动参加艺术活动，发展个性特长，提高审美情趣。

续表

	大气 爱家国　守规则	智慧 爱学习　乐探究	阳光 爱生活　强体魄	灵性 爱实践　懂审美
六年级	具有良好的爱祖国、爱家乡、爱社会的情感,树立奋发图强的爱国志向。严格遵守社会规则,懂得基本的为人处世准则,能换位思考,形成积极的人生观、责任感。	学会学习,掌握六年级学科课程标准规定的要求,养成较好地听说读写的习惯,积极思考问题,乐于探究,能与他人合作、交流,分享感受、想法或活动成果,能从不同角度观察社会事物和现象,能够选用恰当的工具和方法分析、说明问题。	热爱生活,爱好广泛。主动参加体育锻炼,具有良好的身体素质和心理素质,掌握4—5种运动技能,在运动中激发潜能、磨练意志。	能够自己的事情自己做,乐于参加家务劳动,养成爱实践的良好习惯。主动参加艺术活动,发展个性特长,提高审美情趣。

——摘自《郑州市创新街小学课程规划》

从一定意义上说,郑州市创新街小学将学校课程目标按照年级的要求分解,可以比较好地导引学校课程的年级设计与布局,也有利于学校课程目标的落地。

(三) 运用有效的形式来表征课程目标

学校课程目标有多种表征形式,如行为目标、生成性目标、表现性目标,三种表征形式各有其优势与局限,课程目标的陈述应注意扬长避短,结合课程本身和要解决哪些具体问题,采取多种不同的形式。

一般来说,学校常用的是行为目标形式。泰勒提出的以"行为"和"内容"两个侧面来陈述目标,使课程目标的陈述更加具体、明确,便于操作和评价,直接地测量了学生要达到的学习结果。但是,学校中有很多重要的活动是难以用行为目标来衡量的,我们需要思考的是,行为化的课程目标是否能全面、准确地反映我们的教育目标呢? 目标是否一定要可测量? 正如古德莱德所说,正是笼统的教育目标使学校与课堂免受干扰,为改进学校与课堂里的教育留有余地……我不反对偶尔把行为目标作为促进教学的工具……但是,如果这些目标强加于教育过程,而且这些目标成了衡量其他方法的标准,那么,这就会对教育过程产生危害。①

　　有鉴于此,埃斯纳(Eisner)主张在涉及和评价课程时,应该准备三类目标形式:行为目标、解决问题的目标和表现性目标。行为目标重在行为的改变,解决问题的目标的重点是认知灵活性、理智探索和高级心理过程,而表现性目标是人们从事某种活动结束时有意或无意得到的结果。一般表现性目标用于艺术类的活动,重在学生的参与、独到的体验和感受。② 他的观点可以用图3-2来表示。

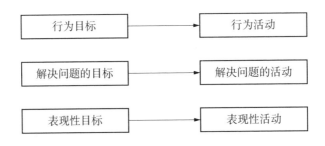

图3-2　埃斯纳观点

　　在新课程的影响下,解决问题的目标和表现性的目标逐渐进入学校课程目标的范畴,学校开始认识到有些重要的学习结果是无法用行为目标表述出来的,但这些学习结果往往对学生的发展有着重要的意义,因此,他们开始有意识地运用这些目标来达成多样的学生学习结果。如在很多学校的研究性学习、研究型课程的目标设计中,大量采用了解决问题的目标的方式,而表现性目标也被相当多的学校所采纳。

(四) 避免几种常见的陈述错误

　　泰勒在《课程与教学的基本原理》中指出,人们在陈述目标时容易犯这样的错误:①把目标作为教师所要做的事情来陈述,但没有陈述期望学生发生什么变化;在我们教师撰写的教案的目标陈述中,可经常看到这样的用语,"培养……,使学生……"如果

---

① 古德莱德. 学校的职能[M]. 沈剑平译. 台北:桂冠图书,1999:49.
② 施良方. 课程理论:课程的基础、原理与问题[M]. 北京:教育科学出版社,1996:88.

用目标的 ABC 原则简要说明,目标陈述的主语应该是学生而不是教师;②列举课程所涉及的各种要素,但没有具体说明希望学生如何处理这些要素。这一点在课程规划中也颇为常见,如有的学校提出"学科科学知识的基本事实、概念、原理和规律;关于自然、社会和人类的科学常识……"。这些只是内容领域,而不是学生;③采用概括化的方式来陈述目标,但没有具体指名这种行为所能应用的领域。① 因此,根据泰勒的意图,目标的制定要同时考虑"内容"和"行动"两个维度才算完整。

奥恩斯坦进一步指出制定课程目标时要考虑的各个维度,如匹配(matching)、价值(worth)、措辞(wording)、合适(appropriateness)、定期修订(periodic revision)等。② 所谓匹配,是指具体目标要和大的目标相关,不同层级之间的目标要协调一致。所谓价值,是指目标在目前或将来对学生的发展有益的,是要经得起推敲的,但是,当前学校制定的很多目标过于关注固有的学科价值或过于琐碎,或过于偏重事实性知识的记忆,其对学生的发展价值并不高。所谓措辞,是指目标的措辞应该易于被理解,应该比较清晰、准确地描述要达到的结果,我国学校的目标制定往往含混不清,用词不够确切,过于抽象和宽泛,如"培养学生的乐观主义精神"、"创造能力"、"责任感"等,这些术语只是提供了一般的目的,而学生对这些术语的理解也呈现出多样化特点;如"理解"、"懂得"、"掌握"、"欣赏"等,这些术语表示的是内部心理过程,很难直接观察,流于笼统、空泛,需要将内部过程与外显行为相结合,作进一步的陈述。所谓合适,是指目标的制定还要考虑接受群体的意愿和能力,有些目标很有意义,但某一阶段的学生未必能达到这一目标,而有的目标很有学术价值,但学生并不感兴趣,这时就需要考虑目标的适切性。所谓定期修订,是指目标的制定并不是一成不变的,由于学生的变化、知识基础的变化、社会的变迁等多样因素的不确定性,目标需要定期更改,以保证它们对学生的价值。

总之,在思考学校的课程目标时,应该突破学科的限制,而更多地问一问:我为什么要学生做这件事情? 这对促进学生的发展有什么样的作用? 课程的意识就体现在这里。为了更好地理解上文所谈的问题,我们来看上海市南桥小学的目标制定:

---

① 泰勒.课程与教学的基本原理[M].施良方译.北京:人民教育出版社,1994:34.
② [美]艾伦·C·奥恩斯坦.课程:基础、原理和问题[M].江苏:江苏教育出版社,2002:298.

表3-3　上海市南桥小学课程目标

课程目标		分阶段目标要求		
一级指标	二级指标	低年级	中年级	高年级
敬	爱国爱家	1. 说出祖国"十知道"； 2. 初步了解南小校史，能说出校训； 3. 能说出中国的几大传统节日； 4. 知道自己家乡的名称，家乡的特产。	1. 进一步了解中国历史，知道4大发明，收集5个以上中华民族英雄人物的事迹，能讲一个中国民族英雄的故事； 2. 参加小博士工程，对中国传统节日进行小探究； 3. 观察家乡，了解家乡变化，能写写家乡日记。	1. 能为低年级同学介绍南小校史； 2. 能自制有关中国传统节日或有关介绍家乡的网页； 3. 知道中华民族的传统美德，并立志传承； 4. 初步了解中国共产党在近现代史上的重要作用。
	……	……	……	……

——摘自《上海市奉贤区南桥小学学校课程规划》

从上述南桥小学的目标，我们可以看出南桥小学在如下几点上做得比较到位：①课程哲学与总的课程目标之间，各级指标与各个年级的课程目标之间都比较协调一致。南桥小学提出"敬、慎、勤"的课程哲学，并进一步将每一个目标细分成各个年级的课程目标，如"敬"细分为"爱国爱家、敬老尊贤、尊重学问、恭敬有礼、敬崇艺术"等五个方面，在精神和价值取向上是一致的；②南桥小学在各年级所制定的课程目标比较具体，指向明晰；③以学生作为目标主体，陈述希望学生达到的学习结果；④南桥小学的目标措辞比较清晰，教师比较容易将这些目标融入到自己的日常教学中去。

（五）学校课程目标应该有适宜的数量

课程论的始祖博比特和查特斯提出了一系列的课程目标清单，按照他们的算法，上千个课程目标亦不为过。但是，即使是行为目标的始祖泰勒也认为，课程目标不应该是一连串的清单，而是少量的，学校所选择的教育目标的数量，应该是以在可利用的时间内实际能够达到相当大的程度为限，最好不要超过15个。适宜的数量可以让学校有效地聚焦有限的资源,从而更好地达成重要的目标。伊劳特(M. R. Eraut)提出了课程目标的密度观点,密度的指数被界定为:所列举的目标的数目/列举出的目标所涵盖的课时。他认为课程目标(一个学期的某门课程的目标)的密度以 1/5 为好。教学目标(一节课的目标)则在 1/2 与 1/6 之间比较适当。[①] 总之,目标的数量和层级有关,层级越高,数量越少。课程目标的数量应该多于培养目标而少于教学目标。

三、课程目标与课程设置之间的衔接

学校课程目标指引着后续的课程设置与实施,是课程设置的依据,而课程目标本身也需要具体的课程框架作为支撑。学校课程目标除了总体方案中的目标外,还包含着各个学科在不同阶段的具体目标,总目标与子目标之间、课程目标与课程设置之间、课程设置与具体课程内容之间都应该保持其前后一贯性。因此,在制定课程目标后,要进行联结矫正,即学校总体课程目标与不同年级所承担的责任、不同类型的课程、不同的学习领域之间的联结一致。

据调查研究显示,上海中小学形成了涵盖范围较宽广的课程目标体系,包含了民族精神、现代意识、生命价值、创新精神、实践能力、团队精神等。这些目标指向具有强烈的现代意识和人文关怀,但是考察学校的课程设置却发现,课程目标与课程设置之间并不完全对应,缺乏有机结合。[②]

如上海市奉贤区南桥小学在课程目标的制定上比较完善,但在课程目标与课程设置的衔接上还有提升空间。该校依据"敦品重学、和谐发展"办学理念与"敬、慎、勤"的校训,提出了培养"爱国爱家、敬老尊贤、尊重学问、恭敬有礼、敬崇艺术、博学慎思、慎独自律、谨慎持重、勤恳诚实、勤劳刻苦、勤勉自强、勤思创新"的南小人的课程培养目标,同时又进一步提出了与此相对应的分阶段目标。在课程设置上,学校提出了"树"

① 施良方.简论课程目标的三种取向[J].课程·教材·教法,1995(6):60－62.
② 夏雪梅.从学校课程规划文本看上海中小学课程改革现状[J].教育发展研究,2009(15－16):78－81.

课程框架。如表 3-4 所示：

表 3-4　上海市南桥小学课程设置

课程名称		课程内容		
树根课程		开设包括语文、数学、英语、自然、唱游、体育与健身、美术等在内的基础科目		
树枝课程	德育栏	我们的学校		我爱我的家园
		学生与校园文化环境		民俗风情
	阅读吧	走进童谣		走进诗苑
		走进名著		走进校史
	艺术苑	欢乐"百灵鸟"		七彩"素描手"
		美丽"金孔雀"		聪明"国画手"
		叮咚"小乐队"		小小"泥塑家"
		灵巧"小折手"		小小"书法家"
	健身房	欢乐"蹦蹦跳"	激情"足球队"	奋发"篮球队"
		快乐"玩一玩"	拼搏"乒乓队"	
树叶课程	科技廊	亲近大自然		亲近科学家
		亲近新科技		亲近乡文化

——摘自《上海市奉贤区南桥小学学校课程规划》

　　将学校的课程培养目标与课程设置相比较可以发现，课程培养目标中的"恭敬有礼"、"慎独自律"、"谨慎持重"、"勤恳诚实"、"勤俭自强"等在课程设置中并没有明确体现；课程设置中的"健身房"课程也没有相对应的课程目标。可见，该校课程目标与课程设置的前后一贯性有待完善。

　　上海市奉贤区阳光外国语学校的课程规划中，则全方位地考虑了课程哲学、总的课程目标、各年级的课程目标、课程设置之间的关系，使得学校的课程成为协调、紧密联结的整体，支持了学校核心理念的达成，是一个非常好的联结案例。

　　阳光外国语学校的第一个联结是建立在课程哲学、教育领域与培养目标之间。它提出了"赤、橙、黄、绿、青、蓝、紫"七种色彩，并划定了各种色彩所对应的教育领域，提出了相应的培养目标，而且它的目标设置都是以学生为主体来陈述的，目标的具体程度也比较适宜。

表 3-5　阳光外国语学校课程目标

颜色	教育领域	培养目标	颜色	教育领域	培养目标
红色 Red	忠诚教育	热爱祖国,拥有强烈的民族自豪感和民族自信心。	青色 Cyan	传统教育	品味传统,拥有高深丰厚的民族文化底蕴。
橙色 Orange	快乐教育	体验快乐,拥有积极、乐观、豁达、向上的美好情商。	蓝色 Blue	达观教育	感受和谐,拥有与人为善、与境相融的适应能力与生存能力。
黄色 Yellow	技能教育	制造美丽,拥有陶冶情操、拥有健康身心的一技之长。	紫色 Purple	自省教育	独善其身,拥有立足于自我以外的考察自我、评价自我、批判自我的行为能力。
绿色 Green	生命教育	珍爱生命,拥有正确的人生观、价值观、世界观。			

第二个联结是总的课程目标与总的课程设置之间。学校根据《上海市普通中小学课程方案》要求,学校课程由基础型课程、拓展型课程、探究型课程组成。三类课程紧紧围绕"阳光教育"的办学理念,以七大色系课程目标为依托,设立了"赤、橙、黄、绿、青、蓝、紫"七色课程。"七色课程"带领每一个孩子踏上阳光之旅,温馨之旅,成功之旅。

——**基础型课程**:充分挖掘教材中与学校课程相吻合的教育资源、教育内涵、教育因素,拓展资源,丰富内涵,升华情感,对基础型课程内容进行再度拓展、再度丰富、再度升华。

——**拓展型课程**:紧紧围绕课程目标,设立与之相吸相宜的"七彩拓展型系列课程",让学生学会选择,掌握技能,描摹属于自己的色彩。

——**研究型课程**:紧紧围绕课程目标,设立"七彩探究型系列课程",带领学生揭示生命的奥秘,品味民族的精粹,深谙做人的道理,追根溯源,锤炼心智,释放属于自己的光芒。

第三个联结是课程领域与年级的课程目标与课程之间。阳光外国语学校为每一

个孩子设立了七大色块课程,让孩子们在课程中找到属于自己的颜色,释放自己的情怀。我们以红色课程为例:

表3-6 阳光外国语学校"红色课程"

七彩课程	课程目标	课程分目标要求		
		一、二、三、四年级	五、六年级（衔接课程目标）	七、八、九年级
红色课程	忠诚守信	守时、守信,意识到诚信之乐,愿意做一个诚信的人,知道不诚不信,受到伤害的人不光是别人,还有自己、群体与社会。	理解和体验做人诚实守信,做到表里如一、遵守诺言。失信于人时应及时补救。	"言必信,行必果"。面对道德两难问题,能作出正确的判断和选择。懂得社会需要诚信,诚实守信的人能得到他人的信赖和尊敬。

第四个联结是在课程设置与具体的课程内容之间,阳光外国语学校根据不同的课程类型设置了总的课程内容,然后又在各个年级分别设置了相应的课程内容,而这些课程内容都是服务于红色课程的目标的。

表3-7 阳光外国语学校"红色课程"详细设置

阳光之旅 / 课程内容			一、二年级	三、四年级	五、六年级	七、八、九年级
红色课程红色之旅	拓展	革命传统教育德育基地考察	制作国旗学唱国歌民族英雄故事会	军训活动学唱军歌时代伟人赞歌	队列训练历史壮举	历史的警钟伟大战役演讲
	探究	探究历史	揭晓中国之最	走进奥运	长征精神神六精神体育精神	革命根据地探究校园探究

——摘自《上海市奉贤区阳光外国语学校课程规划》

阳光外国语学校采用这四种课程联结的方式,全方位地保证课程设置、领域、内容能够有效地为课程哲学、目标的实现服务,这种细密的分析在当前的很多学校都是不多见的。采用这些联结分析的方式有多方面的收益,能帮助教师更深入地理解课程目标,建立课程目标与自己的日常教学之间的联系,同时联结分析也有助于学校澄清课程目标与课程实施、评价之间的关系,保证课程目标的落实。

第四章 学校课程体系设计

学校课程体系的设计是对学校课程的类型、要素及其之间结构关系的综合设计。学校课程体系应该与课程哲学、目标在价值观和指涉范围上保持一致,它应考虑课程设计的深度和广度,考虑学习者要学习的内容、主题、学习经验等,致力于为学生提供丰富的学习经验,持续促进学生的学习。整合设计以及以学习者为中心的设计应是当前学校应着力增强的两类设计。

随着课程管理权利共享体制的形成,学校在拥有更多课程设置与开发自主权的同时,也面临着诸多困惑:课程内容不断变迁、课程类型纷繁复杂,如何合理安排不同种类的课程,给学生提供适合的课程,是学校急需解决的问题。学校课程体系建构涉及课程内容的选择、课程结构的设计以及相应的课程设置,是以学校课程目标为指向,在课程分析与综合的基础上,经过精心规划而提出的最佳计划或方案。可见,学校课程体系的设计关系着课程价值的实现和后续的课程实施,进而影响着人才培养的质量,是学校课程建设的重中之重。

一、什么是学校课程体系设计

学校课程体系设计是对学校课程的类型、要素及其之间关系的综合设计,是在宏观把握教育目标和全面落实国家课程的基础上,对国家课程、地方课程的内容进行适当调整,同时依据学校的课程目标、学生发展需求、校内外资源进行校本课程的开发设计,进而对这三类课程进行整合重组,构建符合学校情境的、凸显学校特色的、以学生全面发展为核心的学校课程体系。学校课程体系是一个均衡的整体,各组成部分和要素之间存在相互牵制和影响的关系。在设计学校课程体系时,要考虑以下几个方面的内容。

(一) 课程内容的选择与组织

课程内容是指由符合课程目标要求的一系列比较系统的间接经验与学生的某些直接经验组成的用以构成学校课程的基本材料。[①] 学校根据目标选择课程内容,课程内容的选择与组织是学校课程体系设计的一项基本工作。

学校课程内容涉及方方面面,学者们进行了不同的分类,有的概括为知识、技能、情意三个层面,有的概括为知识与学习经验两个类别。总结而言,课程内容的选择有三种取向,一为学科知识,是人类长期积累下来的丰富的文化遗产,课程实施侧重于传递知识,并以教材为依据;二为学习活动,关注社会需求,强调课程与社会生活的联系,课程实施侧重于让学生积极从事各项活动;三为学习经验,强调学生与外部环境的相互作用以及在作用过程中获得的内心体验,课程实施侧重于构建适合于学生能力与兴趣的各种情境,以便为每个学生提供有意义的经验。[②] 三种取向的课程内容各有优势与局限,任何一方面的内容都不能指代课程内容的全部,学校在进行课程内容选择时,不能局限于某一方面的内容,否则所培养的只会是“单向度的人”,而不是“完整的人”。如何兼顾三个方面的内容,辩证地处理好三方面的关系,设计适应现在又面向未来的课程内容则是学校需要进一步思考的问题。同时每一个方面的课程内容种类多而杂,而学生所能接受和掌握的知识、活动、经验是有限的,哪些可以进入学校课程体系范畴中,还需要经过严格、精心的筛选。学科知识的筛选要保证门类的齐全与系统性;学习经验的筛选以学生的兴趣与需要为中心,泰勒从学生学习的有效性出发提出了选择学习经验的十条原则;学习活动的筛选以能力的培养为中心,麦克尼尔提出了五种选择学习活动的准则。

---

① 廖哲勋. 课程学[M]. 武汉：华中师范大学出版社,1991：98.
② 施良方. 课程理论：课程的基础、原理与问题[M]. 北京：教育科学出版社,1996：106.

学校课程内容在确定之后,还要进行有效组织,才能达到良好的实施效果。关于如何组织课程内容的问题,泰勒提出了三个基本准则,即连续性(continuity)、顺序性(sequence)和整合性(integration),体现了课程内容组织的两个维度,即纵向组织与横向组织,两种组织顺序,即逻辑顺序与心理顺序,三种组织形式,即直线式、圆周式、螺旋式。[①] 课程内容组织这三个方面的内容并没有直接的对应关系,学校课程体系中采取何种维度、何种顺序和形式,要根据课程内容本身的特征、学生心理发展特征,采取纵向组织并不意味着课程内容将按照单一的逻辑顺序和简单的直线式,而是倾向于在开展纵向组织和横向组织的同时,综合考虑逻辑顺序与心理顺序、直线式与圆周式,再根据具体的课程内容有所侧重或并重。

如南京市中央路小学的"点线面课程"体系,学校课程由 50 个"点"构成,每一个点就是一项课程,分为校本课程与国家课程两类,50 个"点"可以归类为 8 条"线",指向多元智能理论的八大领域,50 个"点"和 8 条"线"合成一个"面"。具体如表 4-1 所示:

表 4-1　"点线面课程"概览

面课程目标	线课程领域	点课程名称	
		国家课程	校本课程
快乐学习,发展个性;夯实基础,习得学法;提升能力,自能发展	语言智能	语文、品德与生活、品德与社会、英语	周末报小记者团、信息技术、报刊周记、校园电视、央小博客、课本剧社团、英语剧社团、成长故事汇、阶梯阅读
	逻辑-数学智能	数学	数学游戏、数学成长本
	音乐智能	音乐	葫芦丝演奏
	视觉空间智能	美术	民俗画创作、模拟飞行、海模制作、建模制作
	身体动觉智能	体育与健康综合实践	学校田径运动队、普及性体育大课间、学校运动会、南京小拉舞、民族舞表演、民间工艺制作、竹竿舞
	人际关系智能		生命与健康、心理研究所、善爱银行、每人一岗教育活动、小组学习力促进、学生社团

① 施良方. 课程理论:课程的基础、原理与问题[M]. 北京:教育科学出版社,1996:110.

续表

面课程目标	线课程领域	点课程名称	
		国家课程	校本课程
	个人内省智能		生命与健康、心理研究所、学生中和奖评选、善爱银行、快乐星期六、博爱校园行年度义卖活动、年度成长档案评比、健康夏令营、单项竞赛
	大自然辨识智能	科学	营养研究所、生理研究所、健康夏令营、做中学、健康发明研究所、科学魔法车俱乐部、海模制作、建模制作、健康创意

——摘自《南京市中央路小学课程规划》

南京市中央路小学的"点线面课程",课程内容涉及认知、技能、情意等多个层面,内含学科知识、学习活动、学生经验三种取向。每一项学习领域注重学科之间的横向整合,"点——线——面"的课程结构重视学生的心理逻辑,八大领域的课程内容安排共同为"快乐学习、自能发展"的课程培养目标服务。

(二)课程结构设计

课程内容组织不同,课程门类设计也会不同。当前,课程分类的方法很多,按照不同的维度,可以将课程划分为:国家课程、地方课程与校本课程;学科课程与经验课程;分科课程与综合课程;必修课程与选修课程;显性课程与隐性课程等。各课程类型和科目都具有自身的价值,在课程结构中具有相应的地位,与其他课程形成价值互补。在二期课改过程中,上海市提出了基础型、拓展型、研究型等三种基本的课程类型。三类课程各有侧重点,形成优势互补,为学校课程体系的建设提供了基本的框架。面对多样化的课程内容与课程类型,学校课程形态的选择也呈现出多元化,如何进行合理组织,使各类型课程形成最佳组合,则是学校课程结构设计的问题。

所谓课程结构是指学校课程体系中各种课程类型及具体科目的组织、搭配所形成的合理关系与恰当比例。已有的课程结构研究提出了多种课程结构观,如宏观、中观、微观"三层次说","表层——深层说"等,郭晓明学者提出了"三层次——两类型"整体性课程结构观,"两类型"即"实质结构"与"形式结构","形式结构"又包括"类结构"和

"关系结构",对课程结构进行了全面、深入的分析。① 落实到学校层面的课程结构设计,不是照搬某一模式,而是要构建具有自身特色的课程结构,改变原有课程结构的单一和僵化,致力于丰富课程的结构,提升课程的均衡性、选择性和综合性,为每一个学生提供适合的课程。

实质结构的构建。课程结构的构建不仅是一个技术问题,更是一个价值选择问题。课程实质结构是对课程的质的规定性,反映着课程内在价值取向,是对课程的深层次理解,决定着课程的形式结构。当前学校课程结构的设计往往重视技术层面的重建,而忽略价值层面的转变,导致学校课程形式结构不断变化,而实质结构照旧,无法获得课程结构改革的效果。新型的学校课程结构设计要求学校由工具论向发展论转向,而如何促进学生的发展则是学校需要回答的价值问题。学校价值选择的不同直接影响着学校课程的设置和各类型课程之间的关系,如以人的发展为基点的价值选择,重视选修课、活动课和隐性课程,而以社会发展为基点的价值选择,则重视必修课、学科课程和显性课程。因此,学校想要实现课程结构的真正变革,首先要构建实质结构,做出最佳的价值选择,并指导形式结构的设计。

类结构的改造。学校课程类结构是指学校多种类型的课程,不同学校间课程类型的划分有可能相同也可能不同,重点不在于课程类型的多少,而在于如何进行改造。以国家课程、地方课程、校本课程为例,关键在于如何实现国家课程、地方课程的校本化;如何根据学校内外资源开发具有学校特色的校本课程,并逐渐发展为学校的品牌。以学科课程、活动课程为例,关键是在肯定学科课程本身教育意义的同时,发挥学科课程的优势,摒弃其缺点,构建新型的学科课程与活动课程,并从育人目标的维度实现二者的整合。

关系结构的个性化。学校课程的关系结构是指各类型课程之间的横向关系、纵向关系和比例关系,这种关系的构建有多种模式,关键在于学校根据所拥有的资源、条件和优势,选择某种模式或者几种模式优点的结合,实现学校课程关系结构的个性化。

如上海市七色花小学以"立美——整合"为总体开发思想,尝试根据七色花小学的校名和学校课程理念,结合各种色彩丰富的象征意义,来构建学校课程框架。

---

① 郭晓明.课程结构论:一种原理性探寻[M].长沙:湖南师范大学出版社,2002:82.

"七色花课程"凸显了学校"立美育人"的办学理念,所追求的是学校和教师按照美的规律,创造性地运用多种多样具有美感意味的手段和途径,引领学生在充满阳光与色彩的教育环境中,以七彩的活力与热情,以七色的思维与方法实现全面和谐和个性充分地发展,从而让每一位学生成为他的那一朵色彩绚丽的七色花。

"七色花课程"没有改变上海市的基本课程框架,同时又带上了较浓厚的学校色彩。学校以阳光般温暖、火焰般热烈的"一品红"来命名基础型课程;以"橄榄绿"命名拓展型课程,旨在承载着希望,孕育着生命;以"蔷薇紫"命名探究型课程,旨在创意、梦想、探索与追求。三大类课程,七种色彩,呈现了令人着迷的色彩空间,体现了不同课程的审美情趣,营造了生动丰富的教育环境。它们各自充满个性,又互相调和,共同构成了学校"七色花"课程主框架。如图4-1所示:

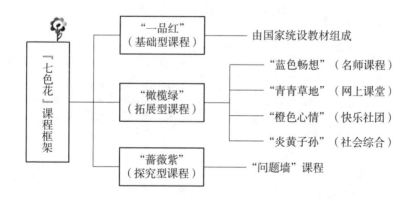

图4-1　七色花小学的课程结构

——摘自《上海市七色花小学课程规划》

(三) 配套的课程设置

课程设置是指所有教学科目和学生的一切活动项目的设立与安排。在课程内容和课程结构确定之后,学校要进行相应的课程设置,保证课程的具体落实。课程设置也可以说是学校各类型的课程在学段、年级段、课时段的具体安排,包括学生学习活动总量的计算与分配、课时分配等。课程设置直接关涉到学生的日常作息和学习经验的获取,反映出学校在事实层面上对课程优先事项的考虑。学校课程设置要遵循一定的原则,其一,课程比重的安排和顺序安排要符合学生的身心发展特点、学生大脑皮层机能活动规律等,满足学生的接受水平与能力;其二,要保证课程的均衡性,合理安排课程的各组成部分,使各学科、各科目之间建立必要的横向联系与合乎逻辑的纵向联系,形成一个有机的整体,使学生各方面的发展都有对应的课程设置。同时课程设置的均衡性是动态的,应根据时代发展的背景、教育发展的新要求、课程改革的新实践,而不断进行调整与完善。学校在课程设置上有很大的自主空间,可以根据学校的课程结构和实际情况进行灵活设置。很多学校在此方面都作出了有益的尝试。

如南京市中央路小学的"点线面"课程体系设计,对应"点线面"课程内容与结构,学校进行了合理的课程设置,保证各类课程的落实。如表4-2所示:

表4-2 "点线面"课程设置

领域	分科的学科课程		一	二	三	四	五	六	综合的经验课程		
									每周一次	每学期一次	每年一次
语言智能	语文		8	8	7	7	6	6	报刊周记、课本剧社团、英语剧社团、成长故事汇、阶梯阅读	周末报小记者团、央小博客、校园电视	
	外语				3	3	3	3			
	品德类	品德与生活	2	2							
		品德与社会			2	2	2	2			
	信息技术				1	1	1	1			
身体动觉智能	体育与健康		4	4	3	3	3	3	南京小拉舞、民族舞表演、竹竿舞	学校田径运动队、学校运动会、民间工艺制作	
	体育大课间		1	1	1	1	1	1			
	综合实践活动				2	2	2	2			
逻辑-数学智能	数学		5	5	4	4	5	5	数学成长本	数学游戏	
大自然辨识智能	科学				2	2	2	2	营养研究所、生理研究所、发明研究所、科学魔法车	健康创意、建模制作、海模制作	健康夏令营
	做中学		1	1	0	0	0	0			

续表

领域	分科的学科课程（年级 / 周课时）	一	二	三	四	五	六	综合的经验课程		
								每周一次	每学期一次	每年一次
音乐智能	音乐	2	2	2	2	2	2	葫芦丝演奏	音乐嘉年华	
视觉空间智能	美术		2	2	2	2	2	民俗画创作、海模制作、建模制作	模拟飞行	
人际关系智能	儿童健康启蒙课程《生命与健康》	1	1	1	1	1	1	心理研究所、善爱银行、每人一岗教育活动、学生社团	嵌入式四色小组	
个人内省智能								心理研究所、善爱银行、快乐星期六	单项竞赛、学生中和奖评选	博爱校园行年度义卖、年度成长档案评比、健康夏令营
活动类课程	晨会(夕会)	每天10分钟								
	班(团)队活动	1	1	1	1	1	1			
	合 计	26	26	30	30	30	30			

——摘自《南京市中央路小学课程规划》

　　南京市中央路小学的"点线面"课程设置清晰地划分了八大学习领域，每一领域下涵盖不同的课程内容，并细致规定了每周的课时、选修的年级；校本课程和活动课程也都有明确的时间安排。学校可以参考下列规准衡量自己的内容和时间设置是否合理：是否反映并符合学校的课程哲学？是否将所有必须的课程目标都包含在内？各年级的学习时间的分配是否适当?① 等等。

---

① Glatthorn, A. The principal as curriculum leader: Shaping what is taught and tested. [M]. California: Corwin, 2000.

二、学校课程体系设计的参考维度

（一）学校课程体系的设计应与课程理念相协调

学校课程理念统摄着学校的课程建设，是一种战略思维，从全局的高度、整体构建的角度指导着学校的课程规划。学校课程体系的设计同样在课程理念的指导下进行，并指向课程理想的实现，二者要保持协调一致。

1. 价值观的一致

学校课程体系并不是无源之水，它的指导思想源于课程理念，并为课程理念服务。两者在价值观上要保持一致。课程理念是课程发展中一系列课程观念和课程价值取向的集合体，学校自身的课程理念反映着学校课程的价值追求，这种价值追求也要反映在学校的课程体系建设中，并据此进行相应的课程体系主题设计，同时以相应的课程框架设计与课程设置作支撑。比如七色花小学的课程理念是"让每一位学生都成为他的那一朵七色花"，其基本内涵有两层：一是要面向全体学生，二是要承认个体的特殊性。而从上述基本的课程框架看出，他们用各种颜色的课程搭建起丰富多彩的课程架构，充满个性又相互协调，体现了面向全体又突出个体的价值观，与其课程理念是一致的。

2. 指涉范围的一致

学校的课程体系与课程理念是量体裁衣的关系。课程理念作为对未来课程建设成果的预期，是学校课程发展的长远目标，是全校师生共同奋斗的目标，这种课程理想的实现要求课程体系与课程理念的指涉范围保持一致。有的学校将课程理念提得太新、太小或太大，导致学校的课程体系难以支撑。我们应该认识到，虽然当下实行三级课程管理体制，学校有一定的课程自主权，但是学校可以自由发挥的空间毕竟是有限的，因此当学校的课程愿景远高于课程现实时，课程体系设计由于现实条件限制而无法达成课程愿景，这种愿景往往会成为空想。有的学校课程体系的内容范围超出或者小于课程理念范围，由于缺乏理念引领，导致课程结构混乱，学校课程也难以有效落实。对此,我们也应该认识到,课程理念的支撑架构要综合考虑各种类型的课程,以基础型、拓展型、研究型课程为例,学校的课程理念并不仅仅是靠学校自主开发的拓展型、研究型课程支撑起来的,同时也应该深刻体现在基础型课程中,应该有意识地实施国家课程的校本化,使其与校本课程一起支撑学校的课程理念。

如上海市瑞金二路小学课程体系的设计,则是在"磁性课程"理念的指导下进行,以"基础型课程、拓展型课程和探究型课程"支撑起学校的课程理念。

基础型课程的"磁性"体现在:学校在语文、数学、英语学科尝试采用了分层作业的做法,根据学校学生的实际情况,编撰分层作业并装订成册。作业按照难度分别分为一星、二星、三星。学生可以根据自己的需求来选择合适的作业。

学校试图构建以"磁性课程"为主线的拓展型课程体系,注重挖掘校外教育资源,结合时事,打造世博主题系列课程,开设"心灵纽带"心理活动课、"心灵驿站"心理午会课、开设"1＋2"的新模式"头脑风暴"思维训练等课程。

探究型课程的"磁性"体现在:学校尝试开设了"主题探究型课程",有探究中国传统节日的来历、名字的奥秘、动物的尾巴、中外动漫文化比较、走进中国民歌文化等十几项探究主题,让学生从实践中体悟探究的乐趣,激发他们的学习兴趣。

——摘自《上海市瑞金二路小学课程规划》

(二) 学校课程体系的设计应考虑课程的广度与深度

学校在进行课程体系设计时,要考虑课程的广度与深度,也就是课程的范围,也指课程内容的横向组织。

学校课程范围包括学习者要学习的内容、主题、学习经验等,致力于为学生提供宽泛的教育经验。古德莱德等研究者认为,广度与深度不仅指认知学习,还指情感学习,甚至有的研究者认为还包含道德和精神学习。① 学校课程体系的设计要考虑课程内容的整体性,即所涉及范围的全面完整,同时对每一项内容都要进行全面分析、系统设计,保证学生学习内容的完整与深度。虽然课程内容的确定在实际的操作中具有选择性,但其覆盖的知识与经验要尽可能地全面,不能出现重大遗漏。在传统的课程建设中,学校往往只重视认知性的内容,而忽略情感、道德、精神方面的内容。在认知内容方面,也只关注既成的事实与结论,缺乏批判与创造。课程内容的这种失衡状态,很容易在学生的知识、经验、精神等方面留下空白,形成盲点,导致人格上的缺陷,无法为学生的全面发展服务。因此,在课程内容的选择上,学校要处理好知识与能力、经验、情感之间的关系,提高课程内容的综合化水平。

认知领域的课程内容满足的是基础性的要求,培养学生的基本知识与技能,在实际的选择中,还要对基本知识与技能的内涵做新的解读,以适应当代社会的要求。朗斯特里特等在《面向新的一千年的课程》一书中,提出了一种超越现实的、面向新的一千年的课程设计模式设想,将对处理和控制未来更有用的知识分为六个领域,包括交流和信息处理、不确定科目、价值发展科目、民主社会公民科目、探究科目、未来科目。② 情感、精神领域的课程内容满足的是学生的兴趣与需要,并要求与社会生活保持一致。课程内容范围的确定,可以追溯到斯宾塞提出的"什么知识最有价值"以及艾普尔提出的"谁的知识最有价值"的问题,学校群体要在三个领域内容的重要性上达成共识。

如上海市卢湾第一中心小学课程体系设计:

　　　　学校将国家课程、地方课程、校本课程有机结合,立足情感因素,拓展国
　　家课程,将上海市民族精神教育实施纲要和生命教育实施纲要融合在日常的
　　教育教学活动中。同时根据学校课程目标进行校本开发,建构起以情感教育

---

① Goodlad, J. & Zhixin Su. Organization and the Curriculum[M]//Philip W. Jackson, ed. Handbook of Research on Currciulum. NY: MacMillan Publishing Company, 1992: 327-344.

② 吴国珍. 国外课程设计改革问题研究[J]. 比较教育研究,1998(2): 20-25.

为特色,覆盖各学科、多种形式的校本课程系列,主要包括情感教育课、多学科的民俗文化系列课程、社会实践探究活动三个部分,民俗文化系列课程包括走近民族艺术系列、走近中国桥梁系列、走近民族铁艺制作系列、走近民族数学系列、古代诗文欣赏系列;社会实践探究活动校本课程包括六大系列,分别为"爱国情、民族魂","送关怀、献爱心","搭平台、展才艺","守规则、会合作","爱科学、学探究","鼓勇气、练意志"活动系列。学校课程内容涵盖知识、能力、经验、情感等多个层面。

在课程内容的深度上,学校也进行了探索。针对小学生在情感上普遍存在的问题,学校制定了情感教育分年级预设性教学内容,分成 8 个专题,具体内容如表 4-3 所示:

表 4-3　卢湾一小的情感教育专题

专题	民族精神		生命意识			自我约束		热爱科学		关爱他人			勇敢坚毅		责任意识			感受快乐		
具体项目	文化认同	国家意识	认识自我	珍爱生命	热爱自然	遵守规则	服从纪律	独立见解	探究能力	同学友情	家人亲情	助人为乐	克服困难	勤奋耐劳	对自己负责	对家人负责	对工作负责	体验成功	集体荣誉	学会分享

——摘自《上海市卢湾区第一中心小学课程规划》

(三) 学校课程体系的设计应能持续促进学生学习

课程内容的组织既要满足一定的范围要求,又要适应学生的身心发展水平,使课程体系具有持续促进学生学习的功能。皮亚杰的认知发展阶段的理论,埃里克森的心理社会发展阶段的理论以及柯尔伯格的道德推理阶段的理论都提醒我们,学生的认知、社会心理、道德的发展都遵循一定的连贯性和顺序性,需要统筹设计。[①] 因此,学校课程内容的设计要序列化,与学生的身心发展顺序保

---

① 罗伯特斯莱文. 教育心理学[M]. 姚梅林译. 北京:人民邮电出版社,2004:24-43.

持平行,并依据一定的学习理论。一般课程内容序列化的原则有从简单到复杂、由易到难、由直观到抽象、预备学习、从整体到部分、按照时间顺序等,学校课程内容各个阶段的安排应实现自然过渡,在掌握前部分知识的基础上,进行后续知识的学习。当前学校课程内容的"高难度"、"高速度"设计,不仅无法达到预期的学习结果,反而会给大部分的学生造成心理伤害,导致他们的自卑、压抑等消极心理。课程内容的顺序性要关注"最近发展区"的创造,重视学生现有的学习准备情况,并给以适当引导,使学生的持续学习与发展成为可能。当然,这种顺序性是逻辑顺序与心理顺序的统一,在关注学生身心发展规律的同时兼顾学科独立的逻辑与规律。

学生的学习本身就是一个持续不断的过程,课程内容的组织要注意各部分内容的前后衔接,使课程内容成为各环节(学科内部和学科之间)紧密相连、逐步推进的连续统一体。这就要求课程内容满足连续性原则,即对主要的学习内容应反复给以重现,使学生对这部分内容的学习得以巩固与熟练,从而帮助学生进行与此相关的、更深入的课程内容的学习,呈现一种"螺旋式"上升的学习状态。

如上海市卢湾第二中心小学提出了阶梯式课程方案,在不同年级设计同类型不同系列的课程,以便学生在不同时段、不同程度的继续学习。如表4-4所示:

相比较于一般学校的课程设计,卢湾二小的课程设计的连续性主要体现在两个方面:第一,制定了低、中、高不同年级的课程目标;第二,充分考虑到了学生的年龄特点、个性发展的不同,在不同年级中设计同类型不同系列的课程,以便学生在不同时段、不同程度进行可持续学习。比如一年级某学生热爱美术,他可以选择低年级"奇妙的想象",两年后,根据他的兴趣与绘画程度,他可以继续学习"工艺美术"或进一步升入"艺术大师摇篮"这一跨越式课程。这种螺旋式的、促进学生连贯学习的设计思路不仅满足了学生的兴趣爱好,更使学有余力的学生得以深造。

表 4 - 4　卢湾二小的阶梯式课程方案

课程类型	一年级	二年级	三年级	四年级	五年级
基础性课程	语、数、外、音乐、体育、美术、自然、思品、探究 必修课（各年级）				
拓展性课程	口语交际、小精灵舞蹈、同乐乐DRY、诗歌欣赏、硬笔书法、纸艺、思维训练一	银海拾贝、小精灵舞蹈、卡通故事会、弦乐一、童谣创作、硬笔书法、围棋初级、思维训练二	金色小主持、戏剧大舞台、古韵欢乐、弦乐二、童谣创作、书法、工艺美术、淑女课堂、奇妙的想象画、围棋初级、思维训练三	演讲入门、拉丁舞、我+哲学=智慧一、爵士鼓一、新寓言、童话创作、书法、工艺美术、美丽课堂、礼仪FOLLOW ME、围棋中级、思维训练四、课程地图一	影评家、拉丁舞、我+哲学=智慧二、爵士鼓二、爵士鼓三、童话创作、书法、工艺美术、美丽课堂、围棋中级、思维训练五、课程地图二
探究型课程	植物探究	动物探究	环游中国		
主题活动课程	"感恩"系列	"走进英雄"系列	"生命教育"系列	"民俗节"系列	"绿色环保"系列

三、学校课程体系设计的发展趋势

总的来说,当前学校的课程设计主要是以学科中心为主,尤其是科目设计。整合性、跨学科的设计,或以学习者为中心的设计较少。虽然学校将拓展型课程、探究型课程的名称做了五花八门的变化,但仔细分析,这些课程仍是以某一门学科领域为主要内容,更多地体现了学校的意志而不是学生的自我意志。当前,有以下两个发展趋势值得注意。

(一)增强学校课程体系中的整合设计

课程的整合设计是学校课程建设的一种趋势,是指将具有内在联系的不同学科、不同领域的内容或问题,通过一定的方式联合在一起或关联起来,使其建立融洽一致的关系,成为一个有意义的整体。从本质上说,即学生是从整体上而不是零碎地理解知识,并能够将所学的课程内容串联起来,了解不同课程之间的联系。基础教育阶段,过多的科目设计很明显已经不利于学生的发展,当代课程改革的潮流要求学校在进行课程体系建设时加强课程的整合设计。著名的课程学家 Beane 提出,课程统整包括经验、社会、知识、课程等四个层面的内容,知识层面的统整又包括单学科统整、多学科统整、科际统整、跨学科统整和超学科统整。每一个层面的课程整合可以采取多种形式与模式。目前学校的课程整合实践表现为四种形式,以概念、主题、问题和方法为中心的整合,其中以概念中心形式与主题中心形式为主。在整合模式方面,美国学者Robin Fogarty 曾提出十种整合课程的模式,分为具体科目整合、科际整合和学习者整合三大类,对应不同的模式。[①]

学校在进行课程整合设计时会面临在内容、形式、模式等方面的多种选择,三者之间存在交叉,某种形式的整合可能涉及多项内容和多种模式,任何单一内容的统整都

---

① 韩雪.课程整合的理论基础与模式述评[J].比较教育研究,2002(4): 33-37.

无法支撑起整个课程框架。如主题式统整则是对学科内部知识点之间、不同学科之间，以及学科知识和学生生活经验之间的整合，问题中心的统整则是以社会问题为主题，整合知识的同时，强调学生个体经验的参与。因此，学校在做出选择时，不能单一地理解某种整合形式或模式，而要进行综合设计。有些整合形式对学校和教师的专业要求较高，如以概念为中心的大领域设计（Broad fields design）要求教师能够绘制认知图谱，从概念群的角度设计课程。① 学校在开展这种课程整合之前则要做好相关培

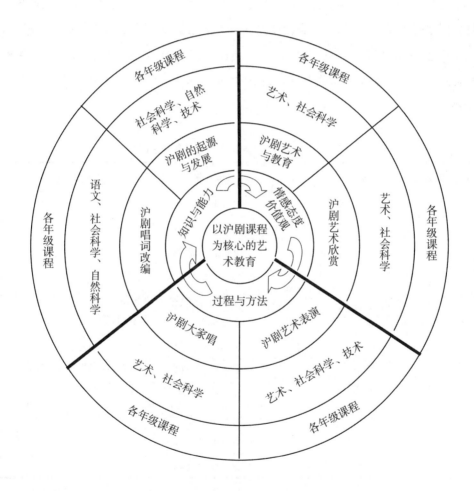

图4-2　以沪剧为中心的整合课程架构

① ［美］奥恩斯坦.课程：基础、原理和问题［M］.南京：江苏教育出版社，2002：265.

训,以保证课程体系的质量。上海的二期课改一直强调整合性的重要性,中小学校也进行了相应的课程结构改革,形成了多种模式。但在绝大多数学校的课程体系设计中,整合的课程体系设计还是很难付诸实际。

在这些学校课程方案中,有些学校在整合设计方面进行了较为成功的尝试,比如上海音乐学院附属安师实验中学就尝试以沪剧课程为中心整合各领域的课程。

上海音乐学院附属安师实验中学所采取的是以"主题"为核心的整合设计类型,以沪剧为中心串起各个领域,形成一个拼盘。相比较而言,上海市海华小学的设计则是比较典型的以概念为核心的整合设计方案。学校围绕"生命"、"阳光"、"活力"、"成长"这绿色理念,依据"人与自我、人与他人、人与社会、人与自然"四条线索,制定了分年段目标要求。在此基础上,师生共同商讨,产生不同层次的问题(或议题),并确定单元主题。

表4-5　海华小学学校课程统整的示例

理　念	线　索	主　题　示　例		统整方式
生命 阳光 活力 成长	人与自我 人与他人 人与社会 人与自然	低年级	吃得更开心	三类课程 有机结合: 1. 学习领域统整 2. 多学科统整 3. 单学科统整
			民族花朵真鲜艳	
			快乐的一家	
			我和春天有个约会	
		中年级	关注鲸的世界	
			团结合作力量大	
			我是小小设计师	
			小眼睛看大世界	
		高年级	动物世界知多少	
			让我们的城市更漂亮	
			我们爱你没商量	
			生命因你而精彩	

在这种类型的课程设计中,课程统整应以核心理念(问题或议题)为组织中心,以与主题相关的若干概念为探索基点,以学科知识技能作为探究工具,以活动设计活化生活情境,其统整的程度要高于以主题为核心的统整设计。从下图的实施流程上来看,海华小学的课程统整是教师、学生、家长共同参与的结果,学生在教师的组织和引导下,参与多种对话与实践,建构知识,整合经验,并将在主题单元学习活动中获得的成果用各自不同的方式给予呈现。

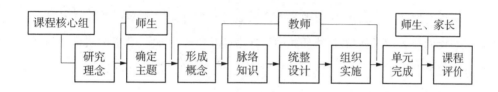

图 4‑3　海华小学课程统整实施流程示意图

(二) 增强以学习者为中心的设计

关注学生及其学习的理念在 90 年代以来的上海乃至全国都是让人耳熟能详的理念,将儿童放到教育的中心也是对长期以来我国教育界忽视儿童的一个反拨。在此次学校所提交的课程规划中,几乎 90% 以上的学校都传达了关注学生的发展、促进学生的个性、实现素质教育的理念。但是,在学校实际所设计的课程中,仍然很少见到以学习者为中心的设计,即使是希望能够促进学生个性发展的拓展型课程,很多也由学校统一包办,学生强制修学。这是因为虽然这种设计有利于充分尊重学生在课程学习中的主体地位,但是在课程设计上却有相当大的难度。①

正如建构主义理论所指出的,课程目的"并不是试图为学习者勾画一个外部现实的结构,而是帮助学生建构出他们自己的对外部世界的有意义的、概念的、功能的描

---

① 廖哲勋,田慧生. 课程新论[M]. 北京:教育科学出版社,2003:182.

述"，①这需要学校深入体察学生的过去、现在与未来的可能生活。学生带着历史积淀和早期经验进入学习，他们不是教育家洛克所说的"白纸"，而是具有真实感觉和体验能力的人。他们在进行任何学习之前，对周围世界就已经积累了一定的知识经验和生活感受，有着巨大的发展潜力和发展空间。而学校同时还应该将学生看作是一个生活在现实中的人，理解儿童的缺陷和不足，在帮助他们改正错误的过程中，促进其不断的发展，不断的进步。所谓可能生活，"是现实世界所允许的生活，但不等于现实生活。可能生活是理想性的，它可以在现实生活之外被理解"，②它可以被理解为每个人意味着去实现的生活。总之，以学习者为中心的设计需要仔细分析学习者的过去、现有和未来可能的经验，看他们的自然经验中何处已经存在着对事实、真理的认识，将此作为设计课程的前提和基础，联结他们的现有兴趣和已有的人类经验，以利于经验更好的生长。

在实践中，也有一些学校在此方面作出了较好的努力。以晋元中学为例，虽然晋元中学没有进一步提供在此课程体系之下的拓展型、研究型、生活经验课程内容是如何联结起来的，但这种以学习者为中心的体系设计就已经提供了比较适合的框架。他们以二期课改方案为指导，将学生的学习生活课程化，提出了构建可供学生自主选择、

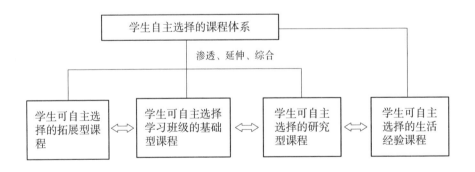

图4-4　晋元高级中学的自主选择课程体系设计

---

① Peggy A. Ertmer & Timothy J. Behaviorism, Cognitivism, Constructivism: Comparing Critical Features from an Instructional Design Perspective. Performance Improvement Quarterly, 1993(4): 50-72. http://vcs. ccc. cccd. Edu/crs/special/ertnew1. html.

② 赵汀阳. 论可能生活[M]. 北京：北京三联书店，1994：115.

充分学习的学校课程结构,让学生从个性实际出发,有的放矢地选择、安排自己的课程结构,构建适合自己发展的"套餐"课程,让每个同学都有一张适合自己发展的课程表。

虽然限于国家和地方的课程框架,我们不可能也没有必要将所有的课程都设计成以儿童为中心的课程,但在有限的空间内,分析儿童的现有经验,多一些体验式的、探究式的、想象式的、生活式的课程,当有助于课程体系的平衡。

值得注意的是,以学习者为中心的设计并不是无原则的听凭学生的兴趣,开一些甜点类的课程。早在1928年,拉格和舒迈克(Harold Rugg & Ann Shumaker)就在他们的经典著作《儿童中心学校》(The Child-centered School)中写道,"我们不敢如此冒险——把构建一种能够促进儿童最大程度成长的课程这一重要而困难极大的问题,抛给特定情境中的儿童,依赖他们自发的、外显的兴趣来解决"。[1] 杜威也认为,儿童的兴趣往往是暂时的、偶然的而非长久的,兴趣的价值在于它们所提供的那种力量,而不是它们所表现的那种成就。把一定年龄的儿童所表现的现象作为自明的和独立自主的,就不可避免导致放任和纵容。因此,要识别和培养儿童为社会所认可的兴趣,指导儿童按社会要求来生活,这都是教师承担的责任。[2] 由此可见,提倡以学习者为中心的设计,并不意味着可以推卸教师的责任,反而是提升了教师的职责。教师要负责课程与教材的"心理化",提供必要的环境条件,帮助儿童"从现在经验进展到以有组织体系的真理即我们称之为各门科目为代表的东西"。[3]

另外,在以学习者为中心的课程体系设计实践中,并不是片面地只考虑学生的兴趣、需要和经验,而是以社会需求、学科体系、学生发展三者为基点,以学生的全面发展为核心,侧重于学生因素的考虑,凸显一种育人为本的课程设计观。

总而言之,学校课程体系建构是基于学校课程逻辑,综合考虑课程结构的设计、课程设置和内容选择,是以育人目标实现为指向,经过精心设计而提出的课程方案。在学校整体课程规划过程中,学校课程体系设计是"逻辑感"很强的行动研究过程。

例如,郑州市管城回族区第三中学依据"鼎心教育"之哲学,以及"让每一个生命昂然挺立"的办学理念,梳理现有课程,建构体现"在这里,与高尚的灵魂对话"之理念的

---

[1] [美]坦纳.学校课程史[M].崔允漷等译.北京:教育科学出版社,2006:108.

[2] 同上.

[3] 约翰·杜威.学校与社会·明日之学校[M].赵祥麟等译.北京:人民教育出版社,1994:120.

课程体系,以实现"鼎于心,懂得爱;立于行,能担当;察于眼,会做事"的育人目标,比较好地处理了课程逻辑的建构与课程框架搭建之间的关系,比较好地链接了相应的课程设置和内容设计。

1. 学校课程逻辑

学校"鼎立树课程"包含鼎信、鼎智、鼎能、鼎言、鼎新、鼎行等六大课程领域。丰富多彩的课程共同承载育人功能,实现育人目标。学校课程逻辑图如下(见图4-5):

2. 学校课程结构

根据"鼎心教育"理念和中学生六大核心素养,设计"鼎立树课程"结构(见图4-6)。这六个方面的课程相互融合,共同促进学生全面发展。

"鼎立树课程"设置为六大课程领域,包含鼎信、鼎智、鼎能、鼎言、鼎新、鼎行六大课程。

"鼎信课程"指向六大素养之品格与修养,包括梦想起航、新生军训、安全教育、消防演练、14岁生日、节日教育、百日誓师、毕业典礼、社会实践等;

"鼎智课程"指向六大素养之逻辑与思维,包括趣味数学、智汇地理、趣味物理、魔法化学、百草园、中原问鼎——省情文化教育等;

"鼎言课程"指向六大素养之语言与表达,包括演讲与朗诵、经典阅读、翼之声英语社团、梦想"ing"、青铜器的前世今生等;

"鼎能课程"指向六大素养之艺术与审美,包括快乐音乐、筝筝向上、"妙手生花"快乐剪纸、壳雕艺术等;

"鼎新课程"指向六大素养之科学与探索,包括机器人、趣味编程、"舌尖上的艺术"烹饪课程、创客课程、社会实践课程等;

"鼎行课程"指向六大素养之运动与健康,包括心情驿站、活力篮球、快乐足球、网球飞扬等。

3. 学校课程设置

结合学校课程资源、课程门类,考虑学生的学习兴趣和发展需求,学校按照年级水平对课程内容进行系统建构,形成"鼎立树课程"六大领域课程设置的具体框架(见表4-6)。

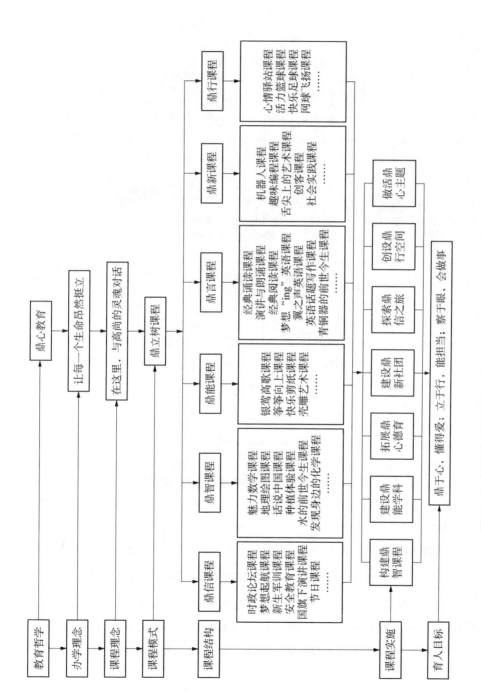

图 4 - 5　郑州市管城回族区第三中学"鼎立树课程"逻辑示意图

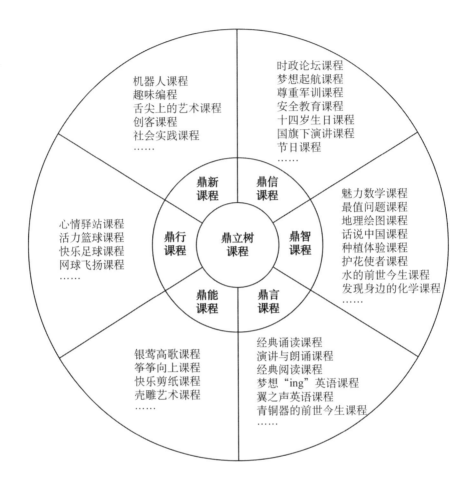

图4-6 郑州市管城回族区第三中学"鼎立树课程"结构图

4. 课程内容

完善的课程体系是促进学生成长的重要载体。学校依据加德纳的多元智能理论，围绕"鼎于心，懂得爱；立于行，能担当；察于眼，会做事"的育人目标，基于校情、学情、教情将"鼎立树"课程设置为六大课程领域，包含鼎信、鼎智、鼎能、鼎言、鼎新、鼎行六大课程。每个课程领域都包含学科基础课程、拓展课程、活动课程等丰富的课程种类，满足学生课程需求，为学生发展提供适切的课程选择。(具体见下表4-7、表4-8、表4-9)

表4-6　郑州市管城回族区第三中学"鼎立树课程"七至九年级课程设置

年级	学期	鼎信课程	鼎智课程	鼎言课程	鼎能课程	鼎新课程	鼎行课程
七年级	上	时政论坛课程 梦想起航课程 新生军训课程 安全教育通课程 法制教育课程 国旗下演讲课程 领导力课程	魅力数学课程 神奇图形计算课程 "最值问题"课程 地理绘图课程 话说中国课程 种植体验课程 "护花使者"课程	经典诵读课程 演讲与朗诵课程 经典阅读课程 梦想"ing"英语课程 青铜器的前世今生课程	银莺高歌课程 筝筝向上课程 快乐剪纸课程 壳雕艺术课程	信息技术课程 综合实践课程 趣味编程课程 "舌尖上的艺术"烹任课程	活力篮球课程 快乐足球课程 网球飞扬课程 心情驿站课程
七年级	下	时政论坛课程 梦想起航课程 安全教育课程 法制教育课程 国旗下演讲课程 领导力课程	魅力数学课程 神奇图形计算课程 "最值问题"课程 地理绘图课程 话说中国课程 小小园艺工课程 自然日记课程	经典诵读课程 演讲与朗诵课程 经典阅读课程 梦想"ing"英语课程 青铜器的前世今生课程	银莺高歌课程 筝筝向上课程 快乐剪纸课程 壳雕艺术课程	信息技术课程 综合实践课程 趣味编程课程 "舌尖上的艺术"烹任课程	快乐足球课程 活力篮球课程 网球飞扬课程 心情驿站课程
八年级	上	时政论坛课程 梦想起航课程 安全教育课程 法制教育课程 节日教育课程 国旗下演讲课程 领导力课程	魅力数学课程 神奇图形计算课程 "最值问题"课程 地理绘图课程 花与艺术课程 "水的前世今生"课程 生活中的凸透镜课程	经典诵读课程 演讲与朗诵课程 经典阅读课程 翼之声英语课程 青铜器的前世今生课程	银莺高歌课程 筝筝向上课程 快乐剪纸课程 壳雕艺术课程	信息技术课程 综合实践课程 趣味编程课程 "舌尖上的艺术"烹任课程	快乐足球课程 活力篮球课程 网球飞扬课程 心情驿站课程

续表

年级	学期	鼎信课程	鼎智课程	鼎言课程	鼎能课程	鼎新课程	鼎行课程
八年级	下	时政论坛课程 梦想起航课程 安全教育课程 法制教育课程 14岁生日课程 节日教育课程 国旗下演讲课程 领导力课程	魅力数学课程 神奇图形计算课程 "最值问题"课程 地理绘图课程 话说中国课程 植物小达人课程 神奇的种子课程 生活中的功课程 制摩教力探究课程	经典诵读课程 演讲与朗诵课程 经典阅读课程 冀之声英语课程 青铜器的前世今生 课程	银鸢高歌课程 筝向上课程 快乐剪纸课程 完雕艺术课程	信息技术课程 综合实践课程 趣味编程课程 "舌尖上的艺术"烹 饪课程	快乐足球课程 活力篮球课程 网球飞扬课程 心情驿站课程
九年级	上	梦想起航课程 励志教育课程 国旗下演讲课程 领导力课程	最值问题 化学的昨天、今天 和明天课程 生活中的电课程	经典诵读课程 演讲与朗诵课程 经典阅读课程 英语话题写作课程 青铜器的前世今生 课程	完雕艺术课程	编程课程	快乐足球课程 活力篮球课程 心情驿站课程
	下	百日誓师课程 毕业典礼课程 国旗下演讲课程 领导力课程	最值问题 化学揭秘生活课程 发现身边的化学课 程 化学暑假课程	经典诵读课程 演讲与朗诵课程 经典阅读课程 英语话题写作课程 青铜器的前世今生 课程	完雕艺术课程	编程课程	快乐足球课程 活力篮球课程 心情驿站课程

表 4-7　管城三中"鼎立树课程"七年级课程内容设置表

课程维度	学期	课程名称	课程目标	课程内容
鼎信课程	上学期	时政论坛课程	1. 引导学生关注时事政治。 2. 通过播报时政新闻,学会思考、评价当前发生在国内外的新闻事件。	1. 香港问题、台湾问题、中日关系、中美关系等 2. 我国国防安全形势、食品安全问题
		法律通课程	1. 引导学生关注有关法律的时事政治。 2. 通过播报法律新闻,学会思考当前发生在国内外的新闻事件。	1. 外商投资法 2. 中华人民共和国宪法修正案 3. 宪法宣誓制度
		梦想起航课程	1. 通过对近期发生的正能量的社会现象进行分析,增强明辨是非能力,培养家国情怀和增强社会担当意识。 2. 带领学生通过实际行动,增强规则意识,学会适应新的集体、新的学期、新的转变。	1. 入学目标教育,树立三年目标和阶段性目标 2. 入学规则教育 3. 新学段学习方法指导和与人沟通方法指导 4. 学校优良传承文化的学习,增强集体荣誉感
		新生军训课程	1. 通过军训,学会整军容、站军姿、唱军歌。 2. 掌握军事训练的基本动作与技能。 3. 知道自觉接受国防教育、维护国家安全是公民应尽的义务。 4. 通过军训,培养吃苦耐劳敢于担当的军人优良品质,增强团队和纪律意识,激发强军强国梦。	1. 队列操练 2. 军事素质 3. 政训:心理健康教育、行为规范教育、安全教育
		安全教育课程	1. 形成安全意识,掌握必要的安全行为的知识和技能。 2. 养成在日常生活和突发安全事件中正确应对的习惯。	安全相关知识
		法制教育课程	1. 了解相关的法律法规常识,增强法制观念。 2. 掌握基本的自护能力。	相关法律知识

续表

课程维度	学期	课程名称	课程目标	课程内容
鼎信课程	上学期	国旗下演讲课程	1. 结合最新国内外大事和全校师生出现的典型事件,以各种具有教育意义和纪念意义的节日为话题,以激励的语言,激发学生高尚情感,在校园里弘扬爱国正能量。 2. 增强学校德育的主动性和实效性。	1. 最新国内外大事和全校师生出现的典型事件 2. 各种教育意义和纪念意义的节日主题
		领导力课程	1. 培养学生干部的角色意识、责任意识、服务意识。 2. 培养学生干部的业务素质、协调力和工作方法。	学生干部职责及工作方法培训
		节日课程	1. 传承中国传统文化、红色文化,坚定文化自信。 2. 培养学生的生活情趣,使学生热爱生活,学会感恩,热爱中华民族,增强民族自信心、自豪感。	1. 传统节日:中秋、重阳 2. 红色节日:建军节、建党节、国庆节 3. 重大节日:教师节
	下学期	时政论坛课程	1. 培养学生辩证分析问题的思维方式。 2. 激发学生的探究求知欲望,提升持续学习力。	1. 趣谈社会流行用语 2. 明明白白看两会 3. 错综复杂的中美关系
		礼仪相伴课程	1. 知道礼仪的重要性、各种场合的礼仪要求,做一个知礼、守礼、行礼的人。 2. 会用各种礼仪,增强各种场合的礼仪品质和礼仪修养。	《初中生礼仪读本》
		梦想起航课程	1. 通过对近期发生的正能量的社会现象进行分析,增强明辨是非能力。 2. 培养家国情怀和增强社会担当意识。 3. 带领学生通过实际行动,增强规则意识,学会适应新的集体、新的学期、新的转变。	1. 入学目标教育 2. 目标和阶段性目标规划 3. 新学段学习方法指导和与人沟通方法指导 4. 学校优良传统文化学习

续表

课程维度	学期	课程名称	课程目标	课程内容
	下学期	安全教育课程	1. 形成安全意识,掌握必要的安全行为知识和技能。 2. 养成在日常生活和突发安全事件中正确应对的习惯。	安全相关知识
		法制教育课程	1. 了解相关的法律法规常识,增强法制观念。 2. 掌握自我保护能力。	相关法律知识
		国旗下演讲课程	1. 结合最新国内外大事和全校师生出现的典型事件,以各种具有教育意义和纪念意义的节日为话题,以激励的语言,激发学生高尚情感,在校园里弘扬爱国正能量。 2. 增强学校德育的主动性和实效性。	1. 最新国内外大事和全校师生出现的典型事件 2. 各种教育意义和纪念意义的节日主题
		领导力课程	1. 培养学生干部的角色意识、责任意识、服务意识。 2. 培养学生干部的业务素质、协调能力和工作方法。	学生干部职责及工作方法培训
		节日课程	1. 传承中国传统文化、红色文化,坚定文化自信。 2. 培养学生的生活情趣,使学生热爱生活,学会感恩,热爱中华民族,增强民族自信心、自豪感。	1. 传统节日:元旦、元宵、清明、端午 2. 红色节日:青年节 3. 重大节日:劳动节
鼎智课程	上学期	魅力数学课程	1. 在活动中培养学生的动手能力。 2. 在规律中发现数学的对称美。	玩转七巧板
		神奇的图形计算器课程	1. 经历收集、整理、描述和分析数据的活动。 2. 了解数据处理的过程,会用计算器处理较为复杂的数据。	数据的统计与分析
		"最值问题"课程	1. 结合实际生活,会利用数学知识解决供给站问题。 2. 数学来源于生活更服务于生活的宗旨。	供给站位置的设计

续表

课程维度	学期	课程名称	课程目标	课程内容
	上学期	地理绘图课程	培养学生的动手、探索、合作能力。	1. 地球仪的制作 2. 地形模型的制作
		种植体验课程	1. 提高学生动手种植的能力。 2. 培养学生热爱大自然和劳动的意识。	种植植物
		"护花使者"课程	1. 在实际活动过程中学习保护植物的知识。 2. 培养主动承担责任环保的意识。	护花爱花知识
	下学期	魅力数学课程	1. 在活动中培养学生的动手能力。 2. 在规律中发现数学的对称美。	玩转七巧板
		神奇的图形计算器课程	1. 经历收集、整理、描述和分析数据的活动。 2. 了解数据处理的过程,会用计算器处理较为复杂的数据。	数据的统计与分析
		"最值问题"课程	1. 结合实际生活,会利用数学知识解决供给站问题。 2. 体现数学来源于生活更服务于生活的宗旨。	供给站位置的设计
		地理绘图课程	1. 培养学生的空间感知、定位能力。 2. 以图说图,树立人地协调观。	1. 中国轮廓图 2. 巴西轮廓图
		小小园艺工课程	1. 知道不同植物的生长特点,掌握管理植物的知识。 2. 培养依据观察设计方案的能力、尊重生命和环保意识。	养护植物
		自然日记课程	1. 观察所学内容、仔细思考并记录。 2. 培养方案实施、交流与讨论的能力。	记录植物生长过程
鼎言课程	上学期	经典诵读课程	1. 课前十分钟诵读,激发兴趣,能背诵经典古诗词。 2. 感悟诗歌韵律美,传承优秀传统文化。	《经典咏流传》

续表

课程维度	学期	课程名称	课程目标	课程内容
	上学期	演讲与朗诵课程	1. 学会演讲和朗诵的技巧与方法。 2. 热爱演讲与朗诵,润泽生命,增强自信。	绕口令,美文美诵
		经典阅读课程	1. 阅读文学经典名著,领略到读书的价值和意义,有自己的情感体验。 2. 初步领悟作品内涵,讲述作品中感人的故事情节,提高人文素养和人文精神。	读名著·讲故事
		梦想"ing"英语课程	1. 规范英语书写,改善英语发音,夯实英语学习的基础。 2. 激发学生学习英语的兴趣,扩大词汇量,增强学英语的信心。	1. 字母书写音标学习 2. 英语歌曲学习 3. 英语趣配音 4. 故事阅读与展演
		青铜器的前世今生课程	1. 了解青铜器的历史发展历程。 2. 了解商代及管城的发展历史,增强爱家乡的情怀。	1. 青铜器的认识 2. 青铜器的发展
	下学期	经典诵读课程	1. 课前十分钟诵读,激发兴趣,能背诵经典诗歌。 2. 感悟诗歌韵律美,传承优秀传统文化。	《经典咏流传》
		演讲与朗诵课程	1. 学会演讲和朗诵的技巧与方法 2. 爱上演讲与朗诵,润泽生命,增强自信。	绕口令,美文美诵
		经典阅读课程	1. 阅读文学经典名著,领略到读书的价值和意义,形成对文学经典浓厚的阅读兴趣,有自己的情感体验。 2. 初步领悟作品内涵,讲述作品中感人的故事情节,提高人文素养和人文精神。	读名著·讲故事
		梦想"ing"英语课程	1. 进一步激发学生英语学习的兴趣,感受语言魅力和中西方文化差异。 2. 进一步扩大词汇量,增强英语学习的信心,培养团队合作意识。	1. 英语趣配音 2. 英语歌曲 3. 英语故事阅读与展演 4. 英语手抄报展

续表

课程维度	学期	课程名称	课程目标	课程内容
	下学期	青铜器的前世今生课程	1. 扩大有关青铜器的知识面。 2. 感受大美青铜器的魅力、增强爱家乡的情感。	1. 青铜器大讨论 2. 青铜器的代表
鼎能课程	上学期	筝筝向上课程	1. 让学生掌握古筝的基础知识。 2. 认识古筝独特魅力与文化,获得快乐。	古筝基础理论知识讲解与实践
		银莺高歌课程	1. 让学生掌握合唱的相关基础知识。 2. 通过练唱,提高音乐修养和自身素质。	合唱基础理论知识讲解与练习
		快乐剪纸课程	1. 了解剪纸的来历,学习剪纸技能。 2. 传承传统文化,培养学生审美的能力,激发学习兴趣。	《走进剪纸》
		壳雕艺术课程	1. 了解壳雕艺术相关知识技能,传承传统文化。 2. 培养学生的审美能力,激发学生兴趣。	《魔力蛋壳》
	下学期	筝筝向上课程	1. 通过简单曲目练习,陶冶情操。 2. 提高音乐素质,传承传统音乐文化。	古筝曲目练习
		银莺高歌课程	1. 掌握合唱的方法、声音的要求。 2. 通过不断练习达到声音的和谐,培养交流协作能力。	基本和声的练习
		快乐剪纸课程	1. 通过对剪纸技能的学习,辅导学生进行底稿创作,传承传统文化。 2. 培养学生发现美的能力。	《剪彩人生》
		壳雕艺术课程	1. 通过对壳雕技能的初步掌握,辅导学生各自绘画蛋稿,传承传统文化。 2. 培养学生发现美的能力。	《对话蛋壳壳雕艺术》

课程维度	学期	课程名称	课程目标	课程内容
鼎新课程	上学期	机器人课程	1. 指导学生获得初步的机器人知识,了解机器人的基本构造、基本原理、搭建基础、程序应用等。 2. 培养学生学科学、用科学的能力,主要是初步的观察能力、实验能力、动手能力、逻辑思维能力和想象能力,启发他们的创造精神。	机器人课编程
		综合实践课程	1. 实施素质教育,促进学生全面发展。 2. 为全面贯彻落实立德树人根本,大力培育和践行社会主义核心价值观。	1. 团队意识 2. 动手能力 3. 磨练意志 4. 解决问题能力
		趣味编程课程	1. 初步认识 Scratch 软件编程。 2. 对角色动作指令形成一个较为全面的认识。	《初识 Scratch》
		舌尖上艺术课程	1. 初步了解美食的制作、调配、食用习惯、文化。 2. 在合作中培养动手、交流协作的能力,节粮意识。	《烹饪大全》
	下学期	综合实践课程	1. 实施素质教育,促进学生全面发展。 2. 为全面贯彻落实立德树人根本,大力培育和践行社会主义核心价值观。	1. 团队意识 2. 动手能力 3. 磨练意志 4. 解决问题能力
		趣味编程课程	初步认识 Scratch 软件编程,并对角色动作指令形成一个较为全面的认识。	《初识 Scratch》
		舌尖上艺术课程	1. 初步了解美食的制作、调配、食用习惯、文化。 2. 在合作中培养动手、交流协作的能力,节粮意识。	《烹饪大全》

续表

课程维度	学期	课程名称	课程目标	课程内容
鼎行课程	上学期	活力篮球课程	1. 结合篮球做各种协调性练习。 2. 熟悉球性,提升篮球兴趣。	熟悉球性
		快乐足球课程	1. 让学生了解足球团体运动。 2. 培养学生参与运动的热情,激发足球学习的兴趣。	1. 球性练习 2. 直曲线运球
		网球飞扬课程	1. 通过练习掌握网球运动的基本技术。 2. 了解网球运动的特点,激发网球学习的兴趣。	1. 建立网球兴趣 2. 了解网球基础知识
		心情驿站课程	1. 培养学生的自信心和积极健康的情绪。 2. 促进学生健康成长。	1. 自信心的培养 2. 情绪健康管理
	下学期	活力篮球课程	1. 通过练习掌握基本的变向运球,加强投篮练习,培养防守意识。 2. 懂得篮球的健身功能,增强自信心和抗挫能力。	1. 技巧、战术的学习 2. 防守动作
		快乐足球课程	1. 通过练习,提高对球的控制能力,学习跑位、射门、简单的战术配合。 2. 掌握行进间传球,了解足球的健身功能,培养合作意识,增强自信心和抗挫能力。	1. 运控球能力 2. 战术配合 3. 掌握行进间传球
		网球飞扬课程	1. 掌握网球运动的基本技术与战术。 2. 了解网球运动的特点,培养自主健身能力。	1. 熟悉球性 2. 正手击球及低手发球
		心情驿站课程	1. 培养学生健康的人际交往。 2. 使学生过健康的学生生活。	1. 人际交往困惑 2. 人际交往技巧

表 4-8　管城三中"鼎立树课程"八年级课程内容设置表

课程维度	学期	课程名称	课程目标	课程内容
鼎信课程	上学期	时政评说课程	1. 拓宽国际视野，纵览天下大事，了解国内外热点问题的原由和本质。 2. 让学生了解和关注社会，增强他们的责任感和使命感等。	1. 一带一路与全球治理 2. 校园食品安全 3. 环境生态保护
		梦想起航课程	1. 通过对近期发生的正能量的社会现象进行分析。 2. 增强明辨是非能力，培养家国情怀，增强社会担当意识。 3. 带领学生通过实际行动，增强规则意识，学会适应新的集体、新的学期、新的转变。	1. 八年级学生生理和心理变化带来的困惑 2. 八年级学生法制教育，正确世界观、人生观、价值观、学校观的形成 3. 阶段性目标的检测，根据实际情况，修正阶段性目标
		节日教育课程	1. 传承中国传统文化、红色文化，坚定文化自信。 2. 培养学生的生活情趣，使学生热爱生活，学会感恩，热爱中华民族，增强民族自信心、自豪感。	1. 传统节日：元旦、元宵、清明、端午 2. 红色节日：青年节 3. 重大节日：劳动节
		安全教育课程	1. 形成安全意识，掌握必要的安全行为知识和技能。 2. 养成在日常生活和突发安全事件中正确应对的习惯。	安全相关知识
		法制教育课程	1. 了解相关的法律法规常识，增强法制观念。 2. 掌握自我保护能力。	相关法律知识
		国旗下演讲课程	1. 结合最新国内外大事和全校师生出现的典型事件，以各种具有教育意义和纪念意义的节日为话题，以激励的语言，激发学生发自内心的高尚情感，在校园里弘扬爱国正能量。 2. 增强学校德育的主动性和实效性。	1. 最新国内外大事和全校师生出现的典型事件 2. 各种教育意义和纪念意义的节日主题
		领导力课程	1. 培养学生干部的角色意识、责任意识、服务意识。 2. 培养学生干部的业务素质和协调能力和工作方法。	学生干部职责及工作方法培训

续表

课程维度	学期	课程名称	课程目标	课程内容
鼎信课程	下学期	时政评说课程	通过分析时政材料,培养他们亲近社会、奉献社会的意识。	1. 文物保护 2. 新中国成立70周年 3. 保健药品乱象
		梦想起航课程	1. 通过对近期发生的正能量的社会现象进行分析,增强明辨是非能力。 2. 培养家国情怀和增强社会担当意识。 3. 带领学生通过实际行动,增强规则意识,学会适应新的集体、新的学期、新的转变。	1. 八年级学生生理和心理变化带来的困惑 2. 八年级学生法制教育,正确世界观、人生观、价值观、学校观的形成 3. 阶段性目标的检测,根据实际情况,修正阶段性目标
		十四岁生日课程	1. 引导学生理解青春的内涵,树立正确的人生观、价值观。 2. 引导学生树立集体主义观念。 3. 培养学生学会感恩,勇担责任。	1. 离队入团仪式教育 2. 回忆成长历程,感恩挚友良师 3. 青春誓言
		安全教育课程	1. 形成安全意识,掌握必要的安全行为知识和技能。 2. 养成在日常生活和突发安全事件中正确应对的习惯。	安全相关知识
		法制教育课程	1. 了解相关的法律法规常识,增强法制观念。 2. 掌握自我保护能力。	法制讲座
		国旗下演讲课程	1. 结合最新国内外大事和全校师生出现的典型事件,以各种具有教育意义和纪念意义的节日为话题,以激励的语言,激发学生发自内心的高尚情感,在校园里弘扬爱国正能量。 2. 增强学校德育的主动性和实效性。	1. 最新国内外大事和全校师生出现的典型事件 2. 各种教育意义和纪念意义的节日主题
		领导力课程课程	1. 培养学生干部的角色意识、责任意识、服务意识。 2. 培养学生干部的业务素质、协调能力和工作方法。	学生干部职责及工作方法培训

续表

课程维度	学期	课程名称	课程目标	课程内容
鼎智课程	下学期	节日课程	1. 传承中国传统文化、红色文化，坚定文化自信。 2. 培养学生的生活情趣，使学生热爱生活，学会感恩，热爱中华民族，增强民族自信心、自豪感。	1. 传统节日：元旦、元宵、清明、端午 2. 红色节日：青年节 3. 重大节日：劳动节
	上学期	魅力数学课程	1. 着力培养学生的动手能力、想象能力。 2. 在活动中发现数学的旋转美。	玩转魔方
		神奇的图形计算器课程	1. 会利用图形计算器进行二维码的设计等试验。 2. 培养学生的创新意识和能力。	精美的图案设计
		"最值问题"课程	1. 结合实际生活，会利用一次函数及不等式知识对利润最大化问题进行方案设计。 2. 提高学生学习数学的兴趣。	方案的设计
		话说中国课程	1. 搜集相关资料，说出中国重要的节日、风俗习惯等，扩大视野。 2. 增强民族自豪感和家国情怀。	1. 中国重要的节日 2. 中国的民族和省情文化
		"水的前世今生"课程	1. 动手实验掌握水的物态变化并设计多种方法测量水的密度。 2. 提升学生设计实验的能力。	物理实验
		生活中的凸透镜课程	1. 用原理去解释生活中有关凸透镜现象。 2. 提升理解、分析、归纳的能力。	生活中的凸透镜的光现象
		神奇的树叶与花朵课程	1. 学会用美的眼光看待世界。 2. 体会生物学中的美。	观察树叶与花
		花与艺术课程	1. 了解花朵的结构、花朵中的艺术。 2. 培养学生欣赏美、热爱生命的观念。	花朵中的艺术
	下学期	魅力数学课程	1. 培养学生的动手能力、想象能力。 2. 在活动中发现数学的旋转美。	玩转魔方

续表

课程维度	学期	课程名称	课程目标	课程内容
	下学期	神奇的图形计算器课程	1. 会利用图形计算器进行二维码的设计等试验。 2. 培养学生的创新意识和能力。	精美的图案设计
		"最值问题"课程	1. 结合实际生活,会利用一次函数及不等式知识解决利润最大化问题。 2. 进行方案设计,提高学生学习数学的兴趣。	方案的设计
		话说中国课程	1. 制作黄土高原水土流失、沙尘暴等自然环境问题模型,说出中国目前的环保问题。 2. 树立人地协调观,争做环保小卫士。	1. 黄土高原水土流失 2. 沙尘暴、雾霾
		摩擦力探究课程	1. 体验生活中的摩擦力,并形成科学推理的思维。 2. 提升解决实际问题的能力。	生活中摩擦力的现象
		生活中的功课程	1. 分析研究生活中的滑轮、斜面、杠杆的现象。 2. 加强学生模型建构、科学论证的品质。	生活中有关功的现象
		植物小达人课程	1. 会观察校园植物。 2. 能辨认校园中 30 种常见植物。	观察辨认植物
		神奇的种子课程	1. 观察种子生长过程,了解种子成长相关知识。 2. 养成写观察日记的习惯,培养尊重生命的观念。	种子生长日记
鼎言课程	上学期	经典诵读课程	1. 课前十分钟诵读,激发兴趣,能背诵经典古诗文。 2. 感悟诗歌的韵律美,传承优秀传统文化。	《经典咏流传》
		演讲与朗诵课程	1. 学会演讲和朗诵的技巧与方法。 2. 爱上演讲与朗诵,润泽生命,增强自信。	1. 演讲与口才 2. 超级演说家

续表

课程维度	学期	课程名称	课程目标	课程内容
	上学期	经典阅读课程	1. 阅读文学经典名著,领略到读书的价值和意义,有自己的情感体验。 2. 初步领悟作品内涵,讲述作品中感人的故事情节,提高人文素养和人文精神。	读名著·品人物
		翼之声英语课程	1. 激发英语学习的兴趣。 2. 训练团队合作意识,增强自信。	1. 英语歌曲 2. 故事阅读 3. 英语趣配音 4. 电影片段欣赏
		中原问鼎课程	1. 了解鼎的历史发展历程,进而了解商代及管城的发展历史。 2. 引导学生关注身边的历史,感悟中原文化的博大精深。	1. 鼎的源起 2. 郑州鼎器代表 3. 参观博物馆
	下学期	经典诵读课程	1. 课前十分钟诵读,激发兴趣,能背诵经典。 2. 学习古诗文,感悟诗歌的韵律美,传承优秀传统文化。	《经典咏流传》
		演讲与朗诵课程	1. 发展学生语言能力,培养学生的口才。 2. 能就适当话题作即席讲话和有准备的主题演讲。 3. 培养学生的自信。	1. 演讲与口才 2. 超级演说家
		经典阅读课程	1. 学生阅读文学经典作品,形成对文学经典浓厚的阅读兴趣,获得对自然、对社会、对人生的有益启示。 2. 欣赏品味作品中典型的人物形象,提高人文素养和人文精神。	读名著·品人物
		翼之声英语课程	1. 激发学英语的兴趣。 2. 训练团队合作意识,增强学英语的自信。	1. 英语趣配音 2. 英语歌曲 3. 故事阅读 4. 电影欣赏 5. 英语演讲

课程维度	学期	课程名称	课程目标	课程内容
	下学期	中原问鼎课程	1. 初步了解鼎的冶炼、制作、雕刻、作用、合金及配比等,学做鼎。 2. 培养学生的动手操作能力;学习鼎的相关文化,让学生理解鼎所蕴含的文化内涵。	1. 鼎的制作工艺的学习 2. 鼎的艺术样式学习 3. 国之象征——鼎文化的含义与现实意义 4. 大国外交——鼎文化运用
鼎能课程	上学期	银莺高歌课程	1. 开展学习和声的基础训练。 2. 培养人的个性,形成正确人生观。	合唱多声部的练习
		快乐剪纸课程	1. 通过对剪纸技能的学习,辅导学生进行底稿创作。 2. 传承传统文化,培养审美力,培养创造能力。	《彩色剪纸》
		壳雕艺术课程	1. 通过对壳雕技能的初步掌握,辅导学生各自绘画蛋稿。 2. 传承传统文化,培养动手能力、审美能力。	《蛋壳装饰》
	下学期	银莺高歌课程	1. 在声音位置和谐的基础上,和声的再次练习。 2. 培养学生的个性,锤炼人的意志。	合唱歌曲的练习
		快乐剪纸课程	1. 通过对剪纸进一步的学习,进行剪纸、刻纸训练。 2. 传承传统文化,培养学生的审美表现能力。	《剪彩人生》
		壳雕艺术课程	1. 通过对壳雕进一步的学习,学生在蛋壳上进行雕刻。 2. 传承传统文化,培养学生的文化理解能力。	《对话蛋壳壳雕艺术》
鼎新课程	上学期	机器人课程	1. 指导学生获得初步的机器人知识,了解机器人的基本构造、基本原理、搭建基础、程序应用等。 2. 培养学生学科学、用科学的能力,主要是初步的观察能力、实验能力、动手能力、逻辑思维能力和想象能力,启发他们的创造精神。	《机器人编程》

续表

课程维度	学期	课程名称	课程目标	课程内容
	上学期	综合实践课程	1. 实施素质教育,促进学生全面发展。 2. 为全面贯彻落实立德树人根本,大力培育和践行社会主义核心价值观。	1. 团队意识 2. 动手能力 3. 磨练意志 4. 解决问题能力
		趣味编程课程	应用命令进行情景探索,运用侦测与判断创作故事或游戏。	《设计编程游戏》
		舌尖上艺术	1. 初步了解美食的制作、调配、食用习惯、文化。 2. 在合作中培养动手、交流协作的能力,节粮意识。	《烹饪大全》
	下学期	机器人课程	1. 指导学生获得初步的机器人知识,了解机器人的基本构造、基本原理、搭建基础、程序应用等。 2. 培养学生学科学、用科学的能力,主要是初步的观察能力、实验能力、动手能力、逻辑思维能力和想象能力,启发他们的创造精神。	《机器人编程》
		综合实践课程	1. 实施素质教育,促进学生全面发展。 2. 为全面贯彻落实立德树人根本,大力培育和践行社会主义核心价值观。	1. 团队意识 2. 动手能力 3. 磨练意志 4. 解决问题能力
		趣味编程课程	1. 能根据模型组装机器人。 2. 分析如何通过编程让机器人完成地图中的轨迹。	《机器人编程》
		舌尖上艺术课程	1. 初步了解美食的制作、调配、食用习惯、文化。 2. 在合作中培养动手、交流协作的能力,节粮意识。	《烹饪大全》

续表

课程维度	学期	课程名称	课程目标	课程内容
鼎行课程	上学期	活力篮球课程	1. 通过训练掌握行进间变向运、传球方法,攻防训练,学习篮下卡位抢篮板技术,发动一传。 2. 培养小组合作能力。	1. 基本技术的练习 2. 进行攻防练习 3. 抢篮板技术
		快乐足球课程	1. 通过游戏训练项目,掌握停球、二过一技术动作。 2. 增加足球运动的趣味性,培养学生竞技能力。	1. 运控能力 2. 技战术运用 3. 五人制比赛规则
		网球飞扬课程	通过训练发展学生专项素质,培养积极进取和克服困难、团结友爱的集体主义精神。	1. 学习反手击球 2. 削球及上手发球
		心情驿站课程	1. 了解青春期的心理特点。 2. 做正能量中学生。	1. 青春期心理常识 2. 克服叛逆心理
	下学期	活力篮球课程	1. 通过训练巩固各项篮球基本技术,掌握快攻、多打少基本技术,初步练习全场五对五攻防。 2. 培养学生规则意识、耐挫能力、集体主义精神。	1. 运传投基本技术 2. 半场攻防练习 3. 五对五攻防练习
		快乐足球课程	1. 通过训练,巩固足球的基本技术,初步学习11人制足球规则。 2. 培养学生规则意识、耐挫能力、集体主义精神。	1. 基本技术动作 2. 守门员技术动作 3. 全场11人制比赛
		网球飞扬课程	1. 发展学生专项素质,培养学生参与网球运动的热情。 2. 提高参加网球运动的兴趣和能力。	1. 学习网前截击球 2. 组织单打比赛
		心情驿站课程	了解学习的心理特点,更好地管理学习,过健康地学习生活。	1. 学习心理常识 2. 缓解学习和考试焦虑方法

表 4-9 管城三中"鼎立树课程"九年级课程内容设置表

课程维度	学期	课程名称	课程目标	课程内容
鼎信课程	上学期	时政命题课程	1. 通过分享新闻事件,拓展学生的知识视野,丰富学生的人文素养。 2. 培养学生的辩证思维方式时,学会用独特的视角去看待时下社会现象和事件。	1. 当下娱乐节目带给我们的思考 2. 新中国 70 周年 3. 5G 技术应用
		励志教育课程	1. 鼓舞士气,培养拼搏竞争精神。 2. 明确目标,培养正确人生观、价值观。	1. 班级目标与誓言 2. 教师寄语 3. 家长鼓励 4. 个人奋斗目标
		梦想起航课程	1. 对近期发生的正能量的社会现象进行分析。 2. 增强明辨是非的能力,培养家国情怀,增强社会担当意识。 3. 带领学生通过实际行动,增强规则意识,学会适应新的集体、新的学期、新的转变。	1. 通过时下的案例,加强责任担当意识 2. 道德和法制教育 3. 目标确定和持续性努力方向
		国旗下演讲课程	1. 结合最新国内外大事和全校师生出现的典型事件,以各种具有教育意义和纪念意义的节日为话题,以激励的语言,激发学生发自内心的高尚情感,在校园里弘扬爱国正能量。 2. 增强学校德育的主动性和实效性。	1. 最新国内外大事和全校师生出现的典型事件 2. 各种具有教育意义和纪念意义的节日主题
		节日课程	1. 传承中国传统文化、红色文化,坚定文化自信。 2. 培养学生的生活情趣,使学生热爱生活,学会感恩,热爱中华民族,增强民族自信心、自豪感。	1. 传统节日:元旦、元宵、清明、端午 2. 红色节日:青年节 3. 重大节日:劳动节
	下学期	时政命题课程	1. 拓宽国际视野,纵览天下大事,了解国内外热点问题的原由和本质。 2. 增强为中华民族伟大复兴建功立业的责任感和使命感。	1. 维护国际秩序的"中国贡献" 2. 70 年饮食之变,中国越来越健康

续表

课程维度	学期	课程名称	课程目标	课程内容
	下学期	梦想起航课程	1. 通过对近期发生的正能量的社会现象进行分析,增强明辨是非的能力,培养家国情怀,增强社会担当意识。 2. 带领学生通过实际行动,增强规则意识,学会适应新的集体、新的学期、新的转变。	1. 通过时下的案例,加强责任担当意识 2. 道德和法制教育 3. 目标确定和持续性努力方向
		励志教育课程	1. 鼓舞士气,培养拼搏、竞争精神。 2. 明确目标,为梦想努力,培养正确人生观、价值观。	1. 班级目标与誓言 2. 教师寄语 3. 家长鼓励 4. 个人奋斗目标
		毕业典礼课程	1. 通过师生互动,浓缩三年的学习生活,创设轻松、自然、温馨的氛围,引导学生唱响青春、收获感悟。 2. 合理、健康地抒发内心的毕业情怀,带着在母校的收获,走上新的人生旅途。 3. 培养感恩、担当的意识。	回顾三年初中学习生活 展望美好明天 奠定人生旅途的基石
		国旗下演讲课程	1. 结合最新国内外大事和全校师生出现的典型事件,以各种具有教育意义和纪念意义的节日为话题,以激励的语言,激发学生发自内心的高尚情感,在校园里弘扬爱国正能量。 2. 增强学校德育的主动性和实效性。	1. 最新国内外大事和全校师生出现的典型事件 2. 各种具有教育意义和纪念意义的节日主题
鼎智课程	上学期	"最值问题"课程	1. 结合实际生活,会利用二次函数对利润最大化问题进行方案设计。 2. 渗透数学建模的思想,提高学生学习数学的兴趣。	方案的设计
		趣味化学课程	1. 通过趣味化学实验,激发学生的兴趣。 2. 提高学生的实验能力。	化学小魔术

续表

课程维度	学期	课程名称	课程目标	课程内容
	上学期	化学的昨天、今天和明天课程	1. 讲解化学发展史,让学生回到真实的历史情境中去感受化学。 2. 启发学生学习化学的兴趣。	化学发展史
		生活中的电课程	1. 扩大学生的知识面、学习课本之外的电学知识。 2. 将课本理论应用到现实生活中,并加深对理论的理解,培养学生观察事物的能力。	电工技术学
	下学期	"最值问题"课程	1. 结合实际生活,会利用二次函数对利润最大化问题进行方案设计。 2. 渗透数学建模的思想,提高学生学习数学的兴趣。	方案的设计
		化学揭秘生活课程	1. 从化学的角度解释生活中常见的问题和现象。 2. 提高学生的学科素养。	研究生活中的化学现象
		发现身边的化学课程	1. 提高将化学知识应用于生产、生活实践的意识。 2. 逐步形成可持续发展的思想。	发现身边的化学现象
		化学辨真假课程	1. 将科学探究与初中化学知识及实际生活联系起来。 2. 提高学生的科学素养。	化学揭秘
鼎言课程	上学期	经典诵读课程	1. 理解古代诗词内容,积累、感悟和运用。 2. 提高欣赏品位,传承传统文化。	诗词鉴赏
		经典阅读课程	1. 围绕多篇小说并抓住一个点指导学生阅读,使学生能提出自己观点。 2. 进而提升阅读力和思考力。	小说群文阅读
		英语话题写作课程	基于话题,提升学生英语写作的兴趣,形成写作框架,提升英语话题写作能力。	1. 审题、列提纲、绘制思维导图 2. 片段练习

续表

课程维度	学期	课程名称	课程目标	课程内容
	上学期	青铜器的前世今生课程	1. 认识周边环境、身边的管城，感受文化。 2. 增强对家乡的认同感，树立为祖国、为家乡的复兴而努力学习的志向。	1. 结合家乡说青铜器 2. 感受青铜文化魅力
	下学期	经典诵读课程	1. 理解古代诗文内容，积累、感悟和运用。 2. 提高欣赏品位，传承传统文化。	古诗文鉴赏
		经典阅读课程	把握戏剧冲突，理解人物形象，品位戏剧台词，尝试戏剧演出。	戏剧群文阅读
		英语话题写作课程	通过不同的话题，提升学生的英语话题写作水平。	1. 审题、列提纲、绘制思维导图 2. 片段练习
		青铜器的前世今生课程	1. 培养学生坚韧的意志品质。 2. 树立为祖国、为家乡的复兴而努力学习的志向。	1. 国之重器 2. 人若重器
鼎能课程	上学期	壳雕艺术课程	1. 通过对壳雕相关技能的掌握，学生能够独自在蛋壳上进行绘画创作。 2. 提升学生审美能力。	《指尖艺术》
	下学期	壳雕艺术课程	1. 在蛋壳绘画的基础上辅导学生独自进行雕刻。 2. 传承传统文化，提升审美能力、创造能力。	《指尖艺术》
鼎新课程	上学期	编程课程	1. 能根据模型组装机器人。 2. 分析如何通过编程让机器人完成地图中的轨迹。	《机器人编程》
	下学期	编程课程	1. 能根据模型组装机器人。 2. 分析如何通过编程让机器人完成地图中的轨迹。	《机器人编程》

续表

课程维度	学期	课程名称	课程目标	课程内容
鼎行课程	上学期	活力篮球课程	1. 巩固各项篮球基本技术,在一些篮球游戏中培养学生团结协作能力。 2. 增强学生体质。	1.《拍球游戏》 2.《运球帷幄》
		快乐足球课程	1. 通过双脚不停的控球去绕过每个标示盘,提高学生的协调性与球感。 2. 培养自主健身能力。	《单双脚传球》
		心情驿站课程	促进学生正确看待竞争与合作,学会良好地进行合作与竞争。	1. 合作与竞争 2. 角色互换
	下学期	活力篮球课程	1. 通过各种拍球练习,培养学生协调性、臂力和手腕的力量。 2. 培养学生自主锻炼的能力。	《运球帷幄》
		快乐足球课程	在有一定基础的情况下,加入游戏接力赛模式,提高学生兴趣,培养自主运动能力。	1.《跳踩球》 2.《横拨球》
		心情驿站课程	使学生树立远大理想、适应毕业考试。	职业生涯规划

——摘自《郑州市管城三中学校课程规划》

应该说,郑州市管城三中学校课程体系设计的思路和方法是值得我们参考和借鉴的。它很好地体现了学校整体课程规划的整体性、逻辑性、实践性以及研究性,它需要学校全体成员的专业智慧和参与,必须扎扎实实地用行动研究的策略来设计。

第五章　学校课程实施规划

　　课程实施规划是有目的、有计划、有步骤进行的一个动态的序列化的实践过程,是对学校课程愿景和目标与日常实践相整合的行动设计。实施规划牵涉到行政人员、师生、课程、教学、资金、时间等诸多因素,带有很大的不确定性。实施规划要有课程实施的多维途径的综合考量,要对课程方案的执行和教师的培训有明确的实施步骤、清晰的成功标准、严格的执行力和灵活多变的创造力。

　　再完美的课程规划也无法主动形成一场变革,方案只有付诸实施才能产生力量。不管设计者的主观意愿如何强烈,政策力度如何强大,没有实施就没有变革。课程变革亦是如此,正如辛德(Synder)等人的综述所表明的,往往是实施而非最初的方案设计最终决定了变革的成效和教育实践的走向,而那些被认为是失败的课程革新的真正问题往往是因为没有真正得到实施。① 因此,在推行课程变革之前,制定完善的课程计划是非常必要的,但课程变革的成效还依赖于课程计划的有效实施。对学校课程实施进行规划,能够最大限度地避免资源的浪费和行动的偏差。

一、学校课程实施规划的主要维度

　　学校课程实施的规划,是基于对课程实施内涵与本质的理解,对课程实施理解的

---

① Snyder, J., Bolin, E., Zumwalt, K. Curriculum Implementation[M]//P. Jackson (Ed.). Handbook of research on curriculum. New York Macmillan, 1992: 402 - 435.

正确性直接影响着课程实施规划的全面性。

（一）对课程实施的理解

自 20 世纪 70 年代以来，课程实施逐渐成为教育研究的一个重要范畴，并逐渐成为了一个相对独立的研究领域。对课程实施内涵与本质的理解也有多种观点，总结而言，主要有两种。

一是将课程实施视为一种变革过程。这种观点认为，课程实施是将课程方案付诸实践的过程，是达到预期目标的基本途径。加拿大教育改革专家富兰（M・Fullan）提出，"课程实施的焦点是实践中发生改革的程度和影响改革程度的那些因素，它是将一种想法、一个方案或者一组活动付诸实践，是课程变革的一个重要环节。"[①]从这种意义上看，课程实施包含多个方面的内容，牵涉到行政人员、师生、课程、教学、资金、时间等诸多因素和国家、地方、社区、学校、课堂等多个层面，涉及整个教育系统的变化以及对教育系统提供支持的社会系统的相应变化，带有很大的不确定性和复杂性。

二是将课程实施视为教学活动。这种观点认为，课程实施就是对课堂教学的研究，教学过程即为课程计划实施的过程。施瓦布（Schwab）所提出的，"课程的实施其实就是在学科内容、环境、学生和教师等诸多因素件的互动和平衡"[②]，即是从教学层面来看待课程实施。从这个视角上看，课程实施主要关注的是师生之间的互动行为。

从本质上看，课程实施不管是作为一种变革过程还是教学活动，都是一个动态的运作过程。美国学者奥恩斯坦（A・C・Ornstein）等人指出："课程实施是一个'做'（doing）的过程，它致力于改变学习者个体的知识、行为和态度。它是一个创造课程方案者和传递课程方案者之间的互动过程。"[③]一方面，接收来自多方面的信息，调和多主体的需求与矛盾，对课程方案进行修改与完善，在理想与现实的磨合中达成课程目标；另一方面，将观念上的课程转化为学生接受与体验的课程，内化为学生知识结构与价值体系，促进学生的成长。

---

① 江山野. 简明国际教育百科全书・课程[C]. 北京：教育科学出版社，1991：156.

② 张华. 课程与教学论[M]. 上海：上海教育出版社，2001：20.

③ Ornstein, A. C. Hunkins, F. P. Curriculum: Foundations, Principles, and Issues[M]. Boston: AllynandBacon, 1998：292.

两种视角的理解反映了课程实施不同侧面的内容,不管是作为带有"风险"性质的改革来说,还是作为带有"生成"性质的教学来说,课程实施都是有计划、有组织的行动,要求课程实施者根据课程方案、学校的实际情况制定课程实施规划,以确保课程改革的深入与持久。

(二) 课程实施规划的主要维度

学校课程实施规划的重点是说明怎样落实课程的设置和内容。一般来说,课程实施规划中要考虑多个方面的内容,包括四个维度,即实施什么——实施对象;由谁来实施——实施主体;如何实施——实施手段;如何维持——实施保障。

首先,从实施对象的角度看,课程实施规划首先要分析研究新的课程计划。实施新的课程计划是对原有课程实践的一种变革,在推行的过程中,由于对课程计划理解的不同而导致受到多方面的阻力。因此,在实施之前,要仔细研究、分析新的课程计划与以前的课程计划的异同,课程实施者与课程研究、制定者要相互合作,达成共识,实现"视域融合"。具体而言,要深入了解新的课程计划在哪些地方作了变动,为什么要作此变动,有什么新的要求等。这个过程尤其应该纳入教师群体,因为教师直接参与课程实施,最了解原有课程的利弊;而教师对新课程计划的接受与理解,也直接影响着新课程计划的实施成效。研究、分析新的课程计划是有效实施新课程的第一步。

如上海市瑞金二路小学《小学特色课程整体设计与精细实施研究》中课程方案的设计与实施,则是在学校《"磁性课程"的开发与设计研究》课程设计与实施基础上发展起来的。比较新旧课程方案,可以发现新课程规划是对原有课程规划的深化与延伸,二者的异同体现在:

"磁性教育"的理念没有变。学校以"磁性课程"为依托,着力奠定及贯彻"磁性教育"的理念,"磁性课程"是学校实施"磁性教育"的重要载体。学校秉承"课程即磁铁石"的课程理念,着眼于学生的成长需要,通过营造开放空间、创造学生参与的途径,让每一个学生都能根据自己的特点选择自己感兴趣的课程,参与自己应有的课程决策,让自己的个性得到充分的发展,从而使学生喜欢学习、喜欢学校。

"磁性课程"的内涵没有变，是指富有吸引力的课程，是学生主动参与，能够吸引师生的课程。它是基于在地文化的活化课程，是实用的、面向未来的课程，有趣的、富有儿童性的课程，是学校长期关注与探索的课程。

"磁性课程"的广度发生了变化。通过原有课程计划的实施，学校已初步形成了一些具有学校特色的"磁性课程"，如科技教育课程、心理健康教育课程、世博德育课程、在地资源类课程等。为了进一步深化"磁性教育"的理念和逐步探索学校整体"磁性课程"，新的课程计划致力于使学校"磁性课程"的探索从局部走向整体，使"磁性教育"的内涵全面融入到学校整体课程之中，并日益增强其吸引力、辐射力和凝聚力，从而推动学校的整体发展。比如进一步开发周边课程资源，包括"田子坊"、"绍兴路"、"8号桥"、"思南路"等富有浓厚的历史人文气息的资源，将"磁性课程"渗透于基础型、拓展型、研究型三类课程。

"磁性课程"的深度发生了变化。原有课程计划致力于开发校本特色课程，丰富学校课程体系；新课程计划的目标在于整体规划学校课程，借鉴已有的成功案例，结合学校的校情和学情，系统地分析学校的内外部环境状况，针对学校所有课程进行整体规划，合理设计各类型课程之间的结构关系，构建具有学校特色的课程框架体系。

在瑞金二路小学"特色课程的整体设计与实施"过程中，强调教师的积极参与，要求教师开发出系列"磁性校本课程"；同时要求教师总结和提炼"磁性课堂"的一些教学主张，为"磁性课程"的推广做好铺垫。

——摘自瑞金二路小学《小学特色课程整体设计与精细实施研究》

其次，从实施主体的角度看，课程实施规划要重视多元主体。美国著名的课程论专家古德莱德提出了课程的五个层次，即观念层次的课程、社会层次的课程、学校层次的课程、教学层次的课程和体验层次的课程。[①] 后三个层次的课程是属于课程实施的范畴，可见课程实施的主体包括学校、教师、学生等，其中以师生为关键的实施主体。

① 张华. 课程与教学论[M]. 上海：上海教育出版社，2001：332.

这就要求,一方面要加强实施各个阶段的教师培训,在课程实施的不同阶段,都要进行相关的教师培训,而这些教师培训应该各有侧重点和相应的形式。首先要把握的一个原则是,在进行任何的教师培训之前,都要了解教师的需求,做到"对症下药",真正发挥培训的功能。除此以外,还要把握各个实施阶段的教师培训的特性。在课程实施前的教师培训,以帮助教师理解课程设计的基本原则、内容为主,鼓励教师参与课程实施,调动他们的积极性,可以采用通识性的教师培训,以讲座、讲义发放、知识竞赛、大会宣传等多种形式;在课程实施过程中,则最好采用有针对性的专题形式,将教师培训下放到各个教研组,同时加强教研组之间的交流,采用赛课、专题研讨、论文比赛等方式。在必要时,吸收专家的外力支持是不可或缺的。另一方面,也要考察学生的需求,重视学生参与课程实施的能力,发挥学生的积极主动性,使师生都投入到新的课程变革之中。

如上海市卢湾区第一中心小学在课程实施方案中,提出了"自下而上"的实施策略。

学校采用"实践—归纳—充实—实践—归纳"的方法,鼓励教师在自己的任教学科中大胆创新,然后对教师的成功经验进行归纳、整理、反思,形成较系统的内容后,再向教师推行,进行再创造,使每个教师都能发挥自己的特长。学校课程的研究从内容上看,由易而难,逐步提高难度,先不求系统性,从点入手,逐步加深,逐步扩展,然后将成果连成"线",再形成"面"。成熟一项,实施一项。同时学校鼓励师生充分发挥创造性,让课程成为他们自己建设的课程,是他们需要建设的课程,也是他们乐意建设的课程。为了给予校本课程及其开发应有的最大灵活性和生命力,学校力求使课程来源于教学和生活,回归于教学和生活,使之产生于师生的鲜活的教学实践和生活实践之中,由师生们在开发中使用,在使用中再开发。

——摘自《上海市卢湾区第一中心小学课程规划》

再次,从课程实施的手段看,课程实施规划要重视有效方法的采用。在设计学校课程的过程中,学校往往会过于关注"做什么",即要开设怎样的课程,课程的内容是什么等等,而忽视了"怎样做",而这恰恰是实施规划的重点所在。如果将课程实施看作是一个系统,可以分为核心系统和外围系统,核心系统是指教学系统,外围系统是指支持系统。在实施方法方面则需要关注教学过程、教学手段如何变化,制定怎样的课程开发与实施流程、师生角色如何转变、课程知识如何更新、社区资源如何开发与运用等。

如上海市七色花小学课程方案中,提出了"七色花"课程框架,同时制定了对应的课程实施方案,对教学系统进行了全面规划,保证三类课程的有效落实。

"一品红"课程——以"美丽课堂"构建为核心的学校基础型课程。学校将国家课程进行校本化设计,注重美育在各学科课堂教学中的渗透,研究艺术教学与其他学科教学整合的途径,探索以"立美"为核心,以认知线索和情感线索为主线的"美丽课堂"教学模式。

"橄榄绿"课程——以"321"模块分层实施为形态的学校拓展型课程。如图 5-1 所示:

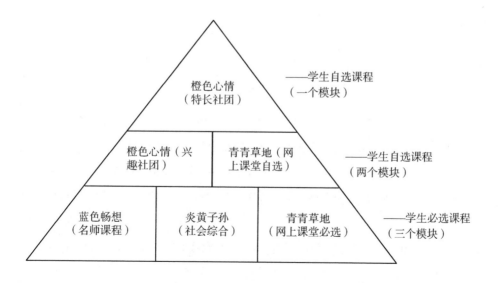

图 5-1　"橄榄绿"课程设备

　　"蔷薇紫"课程——以"问题墙"课程实施为主干的学校探究型课程。学校在三到五年级全面实施"蔷薇紫"探究型课程。"蔷薇紫"课程以每个班级的"问题墙"建设为载体,课程内容包括:班级问题墙中三个栏目的"墙面自由论坛"活动;每周一次的"问题集体辩论"活动;每月一次的"小组合作探究"活动。在"问题墙"中开辟"社会问题"、"自我发展"、"学科拓展"三个栏目,引导学生从日常生活中,从各种美的事物中,选取探究课题或问题,通过自由讨论、墙面答复、集体研讨会和小课题探究等途径主动进行探索研究。

——摘自《上海市七色花小学课程规划》

　　最后,从课程实施的保障看,课程实施规划要重视课程变革行为的维持,即课程实施者的行为逐渐规范化、制度化。课程实施是一项持续完善的行动,不能昙花一现,或者半途而废。如果忽视对保障内容的规划,课程变革的力量会逐渐衰弱、课程实施行为将会恢复原状,要使变革行为持久,则需要提供一定的外在压力与支持。同时课程实施行为带有主观性,为使行为不偏离课程计划的要求,使变革有序进行,可以编制相关的课程管理文件。如编制《学生选课指导书》、《有效教学纲要》、《综合实践活动的实施》等,指导教师撰写《课程纲要》,设计相关的选课程序,制订教师工作量表等等。

　　如上海市徐汇区教院附中的课程实施方案提出:

　　教学改革的核心任务是建立和形成旨在充分调动、发挥学生主体性,提升学生学力的学习方式。"多样的学"包括多种途径下的学习,如课内与课外、校内与校外、网上与网下;多种方式下的学习,如讨论—交流—评价、切块拼接的合作学习、思辨探究、实验探究、调查探究、小课题、长作业的探究学习、自主预习、自主活动、自主复习等。为了使课程标准更符合学校教学实际,同时使"多样学习"的行为规范化,学校研制了校本《课标》,制定针对不同学力水平学生的分层教学目标、评价标准、教学内容和课堂教学设计。如图5-2所示:

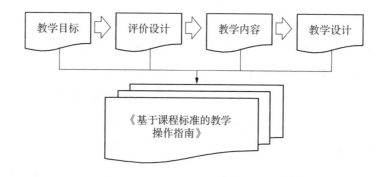

图5-2 校本《课标》构建逻辑

——摘自《上海市徐汇区教院附中课程规划》

（三）何谓"有效"的课程实施规划

有效的实施规划总是能最大限度地帮助预期的课程方案成为学校的现实,因此,在制订实施规划时,学校可以参考下列几个标准来衡量自己制订的实施规划是否有效:

达成预定的课程目标。实施规划是否有效,一个最根本的标准是看通过这样的实施是否能达到一开始所设定的课程目标。虽然这有过于"技术化"和"机械性"的嫌疑,因为我们总是要承认课程实施过程中的相互调适是必要且不可缺少的,[1]但是,任何的调适都不应该以牺牲原有的课程目标为代价。否则,学校就应该检讨原先设计的课程方案。

可行性。成功的课程实施不仅要有良好的课程设计,更要有精确的实施步骤。[2] 明确的职责、清晰的成功标准、有条不紊的实施程序、仔细考量学校的实际情况,都是保证实施规划具有可行性的重要支撑。如果说课程方案是"蓝图",那么实施规划就应该是具体的"施工方案"了。实施规划应该避免歌功颂德式的充斥大量的修饰语和无主语的"应该"、"要",遵循 SMART 原则。Specific(具体),即每一部门或者每一群体要做什么,要达到怎样的目标,需要哪些条件都应该有明确的说明;

---

① Snyder, J. , Bolin, E. , Zumwalt, K. Curriculum Implementation[M]//P. Jackson (Ed.). Handbook of research on curriculum. New York: Macmillan, 1992: 411.

② [美]奥恩斯坦. 课程: 基础、原理和问题[M]. 南京: 江苏教育出版社,2002: 310.

Measurable(量化)，即每一项任务和目标都有清晰的标准，适当量化，并具有挑战性；Agreed and Achievable(各方认同、可实现)，即实施规划由学校师生群体参与制定，并获得广泛的支持与认可；Realistic and Relevant(真实、联系学校实际)，即课程实施规划要符合学校实际，与学校已有条件相符，并尽可能开发潜在条件；Timed(确定时限)，即实施规划也是有时限的，便于一定时期的监督与考察，并及时作出调整。[①]

持续性。持续性是指实施持续的时间。实施并不是一次事件而是持续的过程。学校不能将其当作行政任务，当上级行政风过，马上又开始了另一项新的实施。根据研究的结论，一个新的课程要在一所学校内扎根、完善、制度化，让实施改变实践，达到深度变革，至少需要三年左右的时间。否则很多课程实施的规划只是名称和流程的改变，不能真正改变教师、管理人员的行为和信念，也不能改变教师与学生、教师与行政人员的关系。

创造性。如果说第一个标准是最基本的标准，创造性就是对学校课程实施规划更高一级的要求。这种创造性蕴含着一种"权变"的思想，即事物的度要根据不同的人、事情以及场合加以衡量和改变。因此，有效的课程实施是一个充满创新的过程，鼓励参与者发挥自身的创造力，不是照搬他人成功的实施规划，而是针对学校特定的情境，建立在学校独特的课程哲学和课程目标的基础上的，结合全校师生的智慧，凸显学校的特色。可以是以独特的思维，对他者成功经验的借鉴与改造；也可以是对自身课程改革历史经验的重组。在具体的操作中，学校需要思考：如何更有效地实现基础型课程的校本化实施，同时将学校的拓展型和探究型课程富有特色的展示出来。

二、制定学校课程实施规划

课程实施成效的发挥，有赖于所采取的实施手段。课程变革过程中采取何种实施手段与课程计划的内容、课程实施主体密切相关。

---

① 陈建华. 作为发展过程的学校发展规划[J]. 教育发展研究,2004(11)：14 - 17.

（一）不仅要求严格的执行力，更要求创造性地再度开发

课程实施行为有不同的取向，辛德等人（Snyder，Bolin & Zumwalt）将课程实施或研究课程实施的取向分为三种：忠实取向、相互调适取向、课程缔造取向。① 三种取向各有优势，指向不同的课程计划的内容与特点，片面采用其中的一种取向很容易陷入误区。

其一，课程实施规划要有严格的执行力，以课程目标为导向，按照既定的课程计划中的程序与方法执行，"忠实"地反映课程计划制定者预先设定的未来图景，评价的标准在于与预期方案的相符程度。在课程计划比较完善，课程目标明确且具体，外部干扰因素较少，教师素质较高的情况下，这种取向的课程实施能最大程度地保证课程计划的落实，使课程变革在正确的轨道中运行。为保证一定的教育质量，有些课程内容要求严格执行，比如国家规定的基础型课程，不管学校的课程体系如何变化，这部分课程一定要得到强有力的落实。但是，如同我们上文在"达成课程目标"与"创造性"的标准中寻求平衡一样，成功的实施过程应当是有机的而不是官僚主义的，要用有机的适应性方式来取代官僚主义方式。实施规划更要富有创造性的开发，而且这种创造性的开发不仅体现在拓展、探究型课程中，也体现在国家课程中，这是为很多学校所忽略的。

其二，课程实施不是简单的执行过程，而是一个复杂的互动过程，具有开放性和不确定性。同时，课程知识具有建构性和境域性，与学习者的兴趣、价值观、生活情景有着密切的联系。很明显，单一的"忠实"取向的课程实施不符合课程发展的实际，要求进行创造性地再度开发。一方面，将课程计划置于学校情境中，结合学生的发展需求、教师的专业能力，在目标、内容、方法上加以调整，建构新的合理的课程计划，实现对课程的变革与创造；另一方面，师生以既有的课程计划为工具，在具体的情境中不断创造新的教育经验，实现课程的不断创生。这种"调适"与"缔造"取向的课程实施，也是指向特定的课程内容与情境，否则很容易导致课程的"变质"，造成课程的"衰减性异变"。三种取向中，绝对的某一种取向的课程实施很少出现，有效的课程实施应该是将三种

---

① Snyder,J.,Bolin,F.,Zumwalt,K. Curriculum Implementation[M]//Jackson,P. W.（ed.）. Handbook of Research on Curriculum. New York：Macmillan，1992.

取向进行合理组合运用。

　　鉴于这样一种定位,在国家课程的实施上,严格执行只是课程实施的一个最基本的要求,同样应该考虑"校本化"的问题。这种创造性的开发可以在多种程度上进行。麦克尼尔(McNeil)提出了五种不同程度的课程实施:替代,用一个因素取代另一个因素,比如用一种教科书取代另一种教科书;改变,将新内容、章节、材料、程序等引入原有计划中;搅乱,教授一门新的课目或一种新的课程形态;重构,引发学校系统本身的结构调整,如团队教学、建构主义教学等;价值取向改变,引发基本的课程和教学哲学理念的改变。[①] 学校可以根据自己的课程目标,运用不同程度的创新,使自己的课程实施规划更富有学校的个性色彩。

　　如在南京市第十三中学红山校区的课程实施规划中,根据基础型、拓展型、探究型三类课程的不同特点,分类明确实施办法,在严格执行的基础上,不断创新。

　　　　基础型课程的校本化实施——构建"4S"高效课堂。学校构建了以"分层定位目标(subject)、分享(share)学习智慧、共谋问题解决(solve)、获取成功体验(succeed)"为主要特征的课堂教学模式,简称为"4S课堂"。"4S"课堂是尊重学生的个体差异,适应学生的不同智能,发展学生的多元智能,优化学生的优势智能,让学生在分层的学习目标指引下,在学习中分享智慧,谋求问题解决的途径,最终同时获得成功的体验,积累成功的经验。

　　　　拓展型课程的特色化开发——课程统整点燃学生的兴趣爱好。学校以学科内统整、学科间统整、超学科统整等方式,对国家课程、地方课程和校本课程,通盘地加以整体设计、组织实施、管理和评价改进,进行校本化重组。

　　　　探究型课程的创新化设计——以项目学习的方式推进。在项目学习的实施上,合理安排教学时间,实行固定活动时间与弹性学时管理相结合;组织形式灵活多样,兼顾学生集体活动、小组活动、个体活动;教师指导根据课型灵活选择,有针对性,重过程指导与管理;学生学业成绩评定注重过程,全面

---

① [美]奥恩斯坦.课程:基础、原理和问题[M].南京:江苏教育出版社,2002:320.

评价,尊重多元,引导反思。

——摘自《南京市第十三中学红山校区课程规划》

南京市第十三中学红山校区基础型、拓展型、探究型三类课程的实施,充分体现了"让每一个学生走上成功的立交桥"的课程理念,以及"让每一个学生在原有层次上有所进步,获得快乐,能够选择属于自己的个性化的成功路径"的课程哲学,以创新化的实施手段使学校的"立交桥课程体系"得以有效落实。

(二) 基于学校既往的经验

根据麦克尼尔(J. D. McNeil)总结的三种课程实施策略,即自上而下策略、自下而上策略和自中而上策略,其中"自中而上策略"指出,学校是发起变革的最适当的机构。[①] 学校作为课程实施的主体在课程变革中发挥着重大的功能,课程实施规划,不仅要关注学校主体能够"做什么",还要关注学校具备的条件和"做过什么",而"能做什么"往往是基于对"做过什么"的反思与总结。因此,一方面要对学校的现状进行分析,了解学校的基本条件,包括办学理念、师资、领导、政策等,明确制约课程实施的关键因素,找出条件差距。另一方面,要认识到课程实施规划并非无源之水,凭空设想。学校的课程改革总在渐进式进行,每一次改革,在课程实施策略上都有相应的调整,师生的角色与行为在逐渐发生变化,学校条件在改善,办学观念在更新等等,这些都为新的课程变革提供了基础。新课程计划的实施,要注意总结学校已有的成功经验,整合学校以往在教师专业发展、课程建设上的各种力量和措施,在继承的基础上有所创新。萨拉松(Sarason)认为,实施过程中了解学校的文化背景是非常重要的,成功实施课程改革的人总是能抓住学校的组织结构、权力以及成员间的关系。[②] 可见,学校的背景与历史经验是课程实施有效开展的重要积淀。

如,上海市晋元高级中学的课程规划就建立在自己一贯的"选择教育"基础上,它

---

① J. D. McNeil. Curriculum: a comprehensive introduction (5th ed.) [M]. NewYork: Harper Collins College, 1996.

② Sarason, S. The Predictable Failure of Educational Reform [M]. San Francisco: Jossey-Bass Publishers, 1990.

针对基础型、拓展型、探究型课程的不同特色,提出了一套走班制的课程实施方案,一方面保证了国家课程的严格执行,另一方面,也走出了自己的特色:

基础型课程分水平选择走班

……对于基础型课程,原则上学校在数学、物理、化学、英语、计算机、体育六门学科中开展走班教学,并设立了部分学科的专用教室,以保证学生的个人基础性学力得到充分的发展;学校指导学生根据自己所获得的综合测评分以及自己的发展意愿,参考任课教师的意见,由学生自主选择形成 A、B、C 三个学习层次。

拓展型课程的自由选择和必选相结合

……依据学校的培养目标,我校的拓展型课程由必选、自选两部分课程构成,通过学校的指导和学生的自主选择,引导、发展学生有益的兴趣、爱好、特长,使学生更加热爱科学,热爱学习,热爱生活。

研究型课程小组合作学习,学生自主选择学习

……研究型课程通常是由学生在老师的引导下,结合自己的学科知识,联系自己的学习生活和周围的现实生活,寻找、发现可研究的问题,在进行初步的可行性研究后,作为专题进行立项,研究的内容可跨多个学科,研究小组的成员可按兴趣、能力自由组合,可跨班跨年级,学生的自主选择在这里得到了充分的发挥。

——摘自《上海市晋元高级中学课程规划》

在高中开展走班教学,是比较艰巨的尝试,高中学生众多,风险较大,一旦开展走班教学,势必给教学和管理带来很大挑战,但走班能让学生根据自己的基础知识水平、学习能力、兴趣特长和今后的发展目标,更好地寻找适合自己的学习内容和方式。晋元高级中学如能在此过程中进一步列出所牵涉到的教师、学生的管理与评价细则,可以为其他中学的尝试起到很好的借鉴作用。

（三）课程实施规划中应适当纳入学生的声音

学生是课程实施的重要主体,作为主体的"责与权"是内在于学生自身的,而不是外界"赋予"的。然而,在现实的课程变革过程中,学生往往是被忽略的对象,始终处于课程实施研究和实践的关注区域之外,学生的发展被限制在一个外在预设的框架之中。学生在课程实施中只是作为变革的对象,很少有人去了解和倾听学生对课程实施的感受和意见,更不用说采纳他们的建议了。正如富兰所说,"当成人考虑到学生时,他们把学生当作变革的潜在受益者,而很少将学生视为变革过程与学校组织的参与者"。① 可以说,我们的课程实施长期以来是"防学生"(learner-proof)的。

课程实施规划应当纳入学生的声音。从学生与课程实施的关系来看,课程实施的目的在于促进学生的发展,实施的成效体现在学生的学习效果上;课程实施的程度,即广度、深度和难度要与学生的身心发展规律相一致,或者说是与学生的接受水平相符;课程实施的内容则要与学生素质的全面性相一致。② 从学生自身的角度看,学生具备一定的参与课程实施的能力,不管是宏观变革层面的实施,还是微观课堂层面的实施,学生的意见与反应都应该受到同等的关注。这些要素都要求学生作为实施主体应该受到平等对待,课程实施与学生的发展密切相关,让学生参与课程实施,得到他们的理解与认可,学生以积极的面貌给予主动回应,产生的效果远远大于外在压力下的被动回应。

根据费尔丁(Fielding)所制定的学生参与课程实施的形式的框架,学生在课堂、部门/团队、学校三个层面上扮演数据来源、积极反应者、共同研究者、研究者四种角色。③ 作为数据来源,学校在开展课程实施之前要对学生的学习情况、心理状态、学习需求有清楚的了解,在课程实施之后以学生的多方面发展评定实施效果,调查学生的满意度等。作为积极反应者,一种是让学生参与课程实施的决策与管理,一种是在教学过程中,发挥教师的引导作用,实施体悟教学,即老子提出的"行不言之教",激发学生自觉的学习行为,挖掘学生的潜能。在当前的课程变革中,这两种角色逐渐得到凸

---

① 转引自尹弘飚,李子建.论学生参与课程实施及其研究[J].课程教材教法,2005(1): 2-17.
② 刘启迪.试论学生与课程实施的关系[J].课程·教材·教法,2002(2): 8-11.
③ Fielding M. Students as Radical Agents of Change[J]. Journal of Educational Change, 2001 (2):123-141.

显。作为共同的研究者和作为研究者对学生的要求较高,学生能够与教师一起开展行动研究或者是以团队的形式成为研究的主角,是课程实施的一种理想的状态。其中作为独立的研究者角色,目前而言还在探索和实验之中。

在我国,随着第八次课程改革的推进,研究型学习、建构主义教学等新的课程和教学形态的出现,学生作为课程实施的重要利益关系人(stakeholder)的观念逐渐为学校所接受。学校日益认识到,学生的学习无法代替,成功的课程实施需要得到学生的积极配合。可喜的是,在学校的课程规划中,我们已经可以看到很多学校采用学生问卷、座谈会等方式了解学生对课程实施的感受和态度。而有的学校则更进一步,将学生直接吸纳进课程实施的过程之中。

如,上海市海华小学的课程统整实施过程:

- 确定主题

由班主任、教研组长或学科教师担任课题组组长,负责引导、组织学生开展讨论,共同确立主题。

- 把握概念

课题组组长围绕主题,经由学生讨论、问卷调查并给予统计、归类,最后选择大部分学生感兴趣的若干内容作为概念。

概念的确定要和主题相关,要符合学生实际和年龄特点。

- 选定活动

活动的选定可以以教师为主,也可以由师生共同确定。

活动选定后需考虑:哪些学科知识将可作为工具支撑活动的开展?

- 统整设计

活动的选定可以以教师为主,也可以由师生共同确定。

活动选定后需考虑:哪些学科知识可作为工具支撑活动的开展?

- 教学实施

课题组组长和相关学科教师按照主题单元活动的设计有步骤地实施课程。

课题组组长和相关学科教师在进行主题单元活动时注意做好过程资料的积累。

● 评价与反思

主题单元活动结束后,课题组组长和相关学科教师填写《主题单元活动总结表》,开展学生学习成果展示活动,同时做好反思总结工作。主题单元活动结束后,师生、家长等方面人员根据实施情况参与课程评价。

——摘自《上海市海华小学课程统整实施规划》

从上文可见,海华小学的学生参与课程实施的层次和类型还是比较多样的。在"确定主题"上,主要是在教研组、课题组的团队层面上,让学生作为积极反应者和共同研究者,一起探讨决定主题;在"把握概念"的环节上,也主要是在团队层面上,学生提供数据,并作为积极反应者确定概念;"选定活动"和"统整设计"主要是在课堂层面上,让教师和学生合作确定;"评价与反思"主要是在团队层面上,让学生提出意见。总的来说,海华小学在团队层面上的学生参与做得比较到位,但是在学校和课堂层面上,尤其是"教学实施"这一环节,学生的参与力度比较薄弱。另一点需要增强的是让学生作为共同研究者和研究者,这需要学校和教师充分相信学生具有参与实施课程的能力,促进学生加深对课程实施过程的理解,使学生作为伙伴投入学习。

三、教师在课程实施规划过程中的作用

教师是主要的课程实施者,在课程变革中的作用是两方面的。如果能调动教师参与课程实施的积极性,对课程变革将产生正面作用;但若教师的态度一直是消极的,将会抵制课程变革,难以实现新的课程计划。

(一) 从积极的角度看待教师的消极反应

教师是课程变革不可或缺的力量,教师的参与与投入是课程变革顺利推行的关

键,但是变革本身也会给教师带来巨大的压力,由此引发教师的消极反应。这些压力来源于变革带来的新期望的不确定感和模糊感,对变革要求的新知能、新技术的无能感,降低对环境影响力的无权感,原有秩序与意义的丧失感,工作沉重感等等[1],从而导致教师出现犹疑、惰性、焦虑等消极心理。改革专家吕克(Maurer,Rik)曾提出改革实施者心态发展的六阶段,即损失(Loss)、怀疑(Doubt)、不舒服(Discomfort)、发现(Discovery)、理解(Understanding)和融合(Integration)六个阶段。[2] 可见,在变革初期,教师呈现的是一种抵制与应付的状态,在行为上表现为冷漠与抗拒,在推行的过程中,在新旧观念的碰撞中,才会逐渐由排斥到接受、尝试实践再到自主创新。

有研究者认为,"对于教师来讲,接受一项革新很少有财政上的刺激。事实上,接受一项革新常常是与惩罚相联系的。为了进行变革,教师可能不得不工作更长的时间"[3],所以按常规办事往往更舒适一些。因此,当教师出现消极应对或抵制课程实施的情况时,学校要做的不是批评与惩罚,而是理解与疏导。教师的抵制或不积极态度应该成为学校反思自己实施规划的重要源泉,教师为什么对这些课程规划冷漠? 问题出在哪里? 通过反思,进行改进。在课程实施过程中,将教师的抵制看作是"变革的信息"、"变革的动力"、"组织的保护机制"、"明智的悲观"、"个体合理的宣泄"等可以更好地帮助我们理解教师的抵制,从而制订合理的干预方案。

麦克劳林(McLaughlin)关于教师实施过程中的一些研究结论可以帮助我们更好地理解教师与课程实施之间的关系。她认为:①教师一开始的动机和信念并不能决定实施结果。新的证据表明,实践可以带来新的信念。在特定的情况下,对变革的强制性的参与可以带来信念和责任。一旦参与者有能力驾驭并应用变革,即使在一开始被认为是浪费时间的变革也逐渐被认为是重要的。②教师们的关注点并不是高层的政策。教师更关注专业网络、学校部门、同事和学生。[4]

从这一研究结论中,我们可以得出如下几点启示:第一,教师一开始的抵制或支

① 于泽元,靳玉乐.课程实施研究:理论转向与研究焦点[J].全球教育展望,2007(1):63-68+39.
② Maurer,Rick. Beyond the Wall of Resistance: Unconcentional Stratrgies that build support for change[M]. Austin,Texas:Bard Press,1996.
③ 约翰.D.麦克尼尔.课程导论[M].施良方等译.沈阳:辽宁教育出版社,1990.
④ McLaughlin,M. W. Learning from experience: Lessons from policy implementation [J]. *Educational Evaluation and Policy Analysis*,1987(9):171-191.

持并不重要,关键是要持续性地给予教师支持和安全的改革氛围;第二,实施开始时行政性的强制或许是必要的,尤其是在中国的情境下,"做起来再说"是一个很好的平台,只有当教师做起来,才能让他们在做的过程中发现问题,提升质量;第三,要求教师实施的课程方案一定是高质量的,要经过精心设计的;第四,在鼓励教师参与课程实施时,要让教师感受到新的课程方案和行动方式可以给学生或他们的专业生活带来的益处。除此以外,我们还可以通过多种策略,如提升课程方案的质量,改变实施的途径和时机,给教师提供智力支持,让教师分享变革的利益等来减少教师对课程变革的抵制。[①]

(二) 课程的实施规划更重要的是对教师教学的规划

学校的实施主要是从管理和制度层面上进行规划,而教师的实施则更多的是针对具体的课程教学进行指导。两者的目的不同,所要采取的方式和方法也不同。当前很多学校在课程规划方案中充分地注重了第一点,却往往忽略了教师的实施,使得课程规划有框架而无实质内容,课程架构搭建得很好,但教师课堂中的教学行为却没有发生实质性的变化。这样即使设计出了一系列"新鲜"的课程,也只是新瓶装旧酒。

教学层面的课程实施是一个理解与对话的过程,其中理解是前提,对话是实质,知识与意义的建构与创生是结果。理解表现在教师与课程设计者之间,即教师不是恢复和符合设计者的意图,而是二者之间就课程方案相互沟通与合作,分享经验与智慧,不断修改与完善,最终达成共识;教师与学生之间,即双方对彼此角色的认知,以可阐释性的语言完成课程知识的呈现——内化过程;教师与课程之间,即教师对课程的认识应该是多维度的,立体化的课程理解才能实现课程实施的全面性。对话主要表现在师生之间,教学过程的本质是师生之间的交往,是师生以平等的主体地位,通过语言和非语言媒介进行的双向沟通,最终实现双方的共同成长。这个过程是动态生成的,不是僵硬地传递"文本化"的知识,而是学习者的主动建构,是学习者经验的运用与重组,是学习者意义与价值的重构。

对教师教学的规划则主要包括:其一,树立正确的教学价值观,不再是唯"知识"

---

① 夏雪梅. 教师抵制课程变革:从变革的"障碍"到"动力"[J]. 当代教育科学,2008(2):16-19.

的工具理性价值观,而以促进人的生命成长作为教学过程的指导。其二,设计适当的教学方案,教学方案的确定,首先是课程文本的转换,从校定文本到师定文本再到生定文本,要经过多层过滤,很容易因为干扰因素而失真,教师要排除各种"噪音",在多向交流中对课程文本进行正确的解读;其次是教学方案本身要经过多重影响因素的筛选,如当地社区的价值观和期望,学生的需要、兴趣、能力和角色,教育环境、班级组织、教材、管理人员的支持或限制,教师的专业素质与能力等。① 其三,制定个性化的教学模式。不同学校、不同学科、不同教学内容、学生的不同需求,可以采用不同的教学模式,可以说教学模式的运用具有情境化的特点。美国学者乔伊斯与韦尔把各种教学模式归为四大类:信息加工类教学模式、个性发展类教学模式、社会交往类教学模式、行为系统类教学模式。② 在教师的教学规划中,不是仅以某一种模式为指导,而是根据特定的情境与问题,吸收多种模式的优点,在日常的教学过程中不断尝试与修正,最终生成具有自身特色的教学模式或策略。

四、关注学校课程实施的多维途径和多样方式

派纳说:"课程是一个高度符号性的概念,它是一代人努力界定自我与世界的方式。"他说:"学校课程的宗旨在于促使我们关切自己与他人,帮助我们在公共领域成为致力于建设民主社会的公民,在私人领域成为对他人负责的个体,运用智力、敏感和勇气思考与行动。"因此,"课程不再是一个事物,也不仅是一个过程。它成为一个动词,一种行动,一种社会实践,一种私人的意义,一种公共的希望"。

课程实施的核心是育人方式变革,是学习方式变革,是教师、学生和家长以及其他参与者"界定自我与世界的方式"。我们可以采取"场馆学习"的方式,让孩子们与一切美好的事物相遇;我们可以采取"赛事学习"的方式,形成一股促进学习的强大力量;我

---

① 施良方.课程理论:课程的基础、原理与问题[M].北京:教育科学出版社,1996:140.
② 施良方.课程理论:课程的基础、原理与问题[M].北京:教育科学出版社,1996:142.

们可以采取"行走学习"的方式,让孩子们与世界站在一起;我们可以采取"实践学习"的方式,用有意义的实践活化学习成果;我们可以采取"社团学习"的方式,满足学生的多元发展需求;我们可以采取"问题学习"的方式,让孩子们探寻解决真实世界问题的方法;我们也可以采取"留白学习"的手法,给学生留下足够的生长空间……学校课程实施就是要丰富学生的学习经历,就是要让学习方式变革落到实处。

如,广州市黄埔区凤凰湖小学课程规划就是从学校实际出发,立足"有氧教育",建构规范、有序、科学的学校课程实施体系:

我校课程主要通过"有氧课堂"、"有氧学科"、"有氧节日"、"有氧社团"、"有氧文化"、"有氧整合"、"有氧之旅"、"有氧互动"这八大途径进行实施。

1. 建构"有氧课堂",落实学科基础课程

学科基础类的课程主要是依靠课堂教学来落实的,我校基于有效落实学科基础课程建构自己独特的"有氧课堂"。

"有氧课堂"应该是教学相长的课堂,应该是回归自然和生命、流淌着挚爱和真情、唤醒了灵性和天赋的绿色课堂。把课堂类比成一个生命有机体,把教师、学生、教学内容、教学设施看作是课堂生命的躯干系统,把师生之间教与学的活动看作是课堂生命的循环系统,把课程标准、教学计划看作是课堂生命的神经系统,把教学相长的预期看作是课堂生命能量代谢的结果。

"有氧课堂"好比有氧呼吸,是指细胞(寓指学生)在氧的参与下,通过多种酶(寓指教师)的催化作用,把有机物彻底氧化分解(寓指学生潜能得到开发),产生二氧化碳和水,同时释放出大量能量(寓指个性成长)的过程。

我们要努力践行"向着美好自由生长"的课程理念,打造"以人为本、生命立场;主动参与、师生互动;激越兴奋、快乐陶醉;重视场景、重视过程;在场享受、离场期待"的"有氧课堂"。关注学生的自由生长,充分考虑学生的需求,尊重学生的个体差异,贴近学生的实际需要,有效促进学生的可持续发展,焕发学生的生命活力。让课堂教学如大自然的氧吧,让每一个学生在这里自由呼吸,让每一个教师在这里精彩绽放,一起享受"有氧教育"的幸福。

2. 建设"有氧学科",落实学科拓展课程

我们通过学科来建设我们的有氧学习,那么学科拓展课程就是富有创意的、有氧

的课程建设。学校以"教学主张"为抓手,组织教师培训、学习、提炼、宣讲、完善、实践、反思,逐步完成"有氧"特色学科的构建,特色学科的课构建具体操作如下:

一是加强学科课程建设,形成"1+X"学科课程群。从知识的角度看,学科就是一个按知识模块划分的学科课程。每门学科都可以形成"1+X"学科课程群。1是指基础型学科课程,X指学科延伸课程。教师基于自己的"教学主张",开发1—2门"微型课程"。这些由教师开发的学科延伸课程既可以独立实施,也可以与基础型课程进行整合,嵌入教师课堂教学的某一环节来落实。这样,我们就有了不一样的课堂和不一样的教学。

二是提炼"学科教学"经验,促成课题研究成果。从教的角度看,学科意味着学科教学活动的开展。教学活动的形态是学科重要的组成部分,如何让学科教学更有品质,是每一个有思想见解的教师的共同追求。主动开展课题研究来提升教师教育科研水平,鼓励教师及时梳理教学经验、撰写教育教学论文、提炼教研成果。

三是加强学科团队建设,提升教师专业素养。根据学校教师队伍发展规划,制定学科教师发展计划,逐步培养骨干教师、学科带头人和名教师。一是采用教师师徒结对的形式,认真落实青年教师的"传、帮、带"工作,在思想上、工作上、生活上全面关心青年教师,使新教师尽快熟悉教学常规要求和教学基本规律,鼓励青年教师积极参加各级各类的教学竞赛活动,促进青年教师专业发展。二要充分发挥名教师的示范、辐射作用,促进名师再发展,提升学科团队整体水平。三是要在学科教研组内形成互助合作、共享成果的良好教研氛围,在团队的学习、研究、实践、反思中,提高团队工作绩效。四是要协助学校领导做好教师的思想工作,充分调动教师关心学科建设、关心学校发展的主动性和积极性,以教师的专业发展实现学科和学校的最大发展。

四是加强学科学习的研究,形成符合学生实际的学法指导手册。每一门学科都有不一样的方法。学法指导是变被动学习为主动学习、变枯燥学习为快乐学习、变低效学习为有效学习的法宝。学法指导要联系学科实际、教材实际、学生实际,教师可以帮助学生进行总结,并在教学活动中激励学生进行互动分享,指导学生进行自我调控,帮助学生构建自己的学习方法体系。每一门学科都有自己特别的教与学的方法,每个孩子都有自己学习的特点,每位教师都有自己有效教学的经验,我们将此作为学科学习研究的点,帮助孩子轻松、快乐、自主地开展学习。

3. 创设"有氧节日",落实节庆文化课程

为了有效实施学校的课程计划,让学生体验轻松愉快的校园氛围,该项目设立一系列节庆文化课程。我校依据"有氧教育"的课程哲学,创设有氧节日,主要分为以下三种类型:

一是校园节日。我校文化气息和自然生态相互融合,在课程设置上注重教育生态,提高有氧教育质量。丰富多彩的校园节日是有氧课程的组成部分(包括学科、社团节日和亲子活动日),有助于引导孩子健康发展。我校特色节日氛围浓厚,诗词大会、有氧读书节、有氧儿童节等节庆日已成为校园节日的一大特色。

表 5-1　校园节日表

校园节日	时间	内容和要求
元旦(诗词大会)	每年一月	将中华诗词和元旦相结合,感受中华诗词的博大精深。同时作为展示自我的平台,通过比赛和演绎的形式,让学生接受诗词文化的熏陶,变得自信豁达,提升学生文化素养。
有氧读书节	每年三月下旬	在三月份展开,为四月份营造阅读氛围。以"拥有阅读,幸福一生"为主题开展。从写字和阅读两方面着手,开展书法比赛,以及师生共阅一本书、师生共创一个故事、我手写我心(作文比赛)等,培养学生养成良好的写作习惯和阅读习惯,让学生终身受益。
有氧运动日	每年五月	有氧强调"可持续的身心健康",包括身体和心理。通过常规体育项目竞技和花样团康游戏,培养学生合作的意识和健康积极的心态,在大量的有氧运动下缓解压力,放松身心。
有氧儿童节	每年六月	儿童节是学生的节日,开展丰富多彩的活动,辅以有氧儿童的评价机制,激发学生热爱生活、热爱校园的丰富情感,让每个学生放飞梦想,拥有快乐,度过充实而有意义的儿童节。
学科节	每年十月	各学科需要关注学生兴趣点,充分挖掘教材和学生生活的联系,形成学科特色,通过开展学科节,增加学生对学科知识的理解,有利于培养学生仔细观察、认真思考的品质,加强实践性。
有氧艺术节	每年十一月	通过多种文娱活动(粤剧表演、卡拉 OK 比赛、童话故事比赛、舞蹈展示等),营造积极向上、和谐健康的校园文化氛围,以艺促智,以艺载德,以艺激情,发挥学生的主动性和创造性,进一步培养学生的艺术修养。

此外,我校学科节日更是活跃(见表5-2):

表5-2 学科节日表

节日	时间	内容和要求
灵性语文节	每年三月	培养语文核心素养,提高阅读写作能力。结合开展的人文社团课,分主题、分年级、分阶段进行。与教材相结合,低年级以朗诵诗歌为主,中高段朗诵美文,以此提升学生的语言素养;第二阶段可以采用讲演结合的形式,现场进行讲故事比赛;第三阶段丰富形式,加入校园金话筒、广播站小采访等;第四阶段以写话和写文为主。
智趣数学节	每年四月	以一系列的数学活动为载体,比如二十四点、魔方、拼图等,营造人人喜爱的数学学习氛围,弘扬数学文化,充分挖掘学生的潜能,提高学生的数学素养,感受数学的魅力,享受数学学习的乐趣。
活力英语节	每年五月	分年级开展绘本配音比赛,让学生体会语言的魅力,提高英语听说能力。结合外教口语课资源,开展 speak loudly 的口语比赛,全程用简单交际语进行交流。
缤纷音乐节	每年九月	结合红领巾广播站,开展鉴赏音乐平台和点歌互动活动,将学生所学音乐和情感表达相结合,提高学生的音乐鉴赏能力。在特定时间举行音乐沙龙,一起分享音乐故事。
磁性科技节	每年十月	结合教材和学生的兴趣特点,确定主题,让学生展开观察讨论等,以此激发学生学习科学知识的兴趣,提高学生的科学素养。
创意美术节	每年十一月	全天利用宣传栏、风雨长廊、展板等展出学生课堂上的画作,并进行全校性投票评比,以此激发孩子们对绘画的热爱。
开心体育节	每年十二月	通过趣味运动和班级运动比拼,提倡运动健身,展现学生的良好精神风貌,引导学生向德智体美劳发展,促进身心健康发展。

二是传统节日。传统节日贯穿于学生的成长教育中,引导学生成为一个感恩过去、珍惜现在、憧憬未来的积极学生;主要从中华民族优秀传统文化和优秀精神中截取素材,以传统节日、纪念日和传统节日习俗(二十四节气)为契机,开展多种形式的活动。根据《中小学德育工作指南》,为贯彻落实"立德树人"的目标,各中队、各个班级配合展开专题教育活动。同时根据自身班情围绕"好习惯、好品性、好生活"开展有氧德

育活动并作为班级专题活动日。在老师的带领下各小组展开学习,制定有氧训练,通过表演、模仿、欣赏、采访、记录等形式,点滴渗透,让学生感受文化底蕴,养成良好习惯,形成优秀品质,培养可持续发展的有氧之星。

三是现代节日。现代节日与我们的生活息息相关,通过这些有纪念意义的节日,在年级和班队中形成仪式感,引导儿童怀着一颗感恩的心认识社会。在活动中增强儿童的动手能力和创造力,丰富儿童的生活和灵魂。

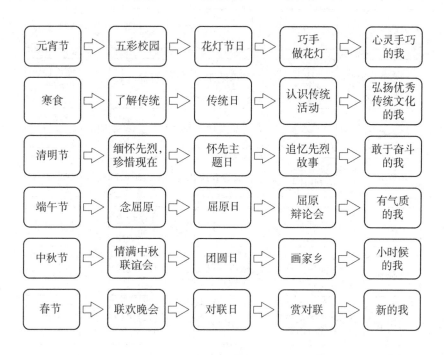

图 5-3　活动架构

4. 开设"有氧社团"课程,丰富学生学校生活

在学校教育阶段,所有能让孩子增长见识、锻炼操作能力、强健体魄的课程,譬如音乐、美术、手工、体育等教育资源都是为培养德、智、体、美全面发展的学生而服务的。这就是工艺教育的主张,也是我校开设"有氧社团"课程的要义所在。学校开设的社团活动以有氧课程为依据,对国家基础课程进行拓展,形成德育、体育与健康、艺术、科技、思维、语言与文化等六大类别社团。

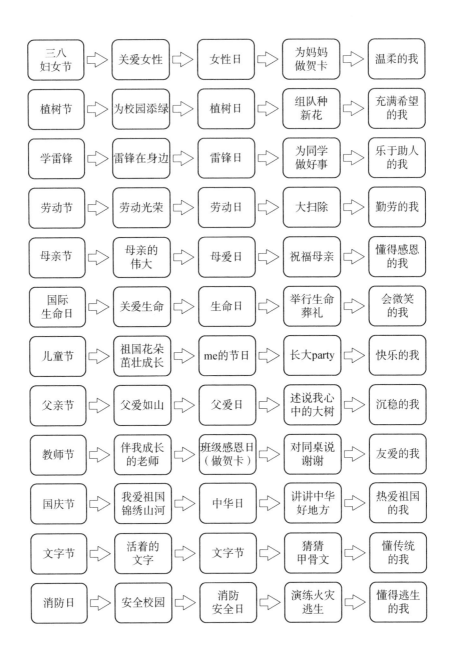

图 5-4　活动建构

　　一是德育类社团。以养成教育为基础,以礼节教育为核心,以学生为本,让学生自我发展,大处着眼,小处着手。为此学校开设了少先队仪仗队社团。

二是体育与健康类社团。本着"锻炼心智,磨练意志,促进身心和谐"的宗旨,我校注重学生的心理健康和身体健康,开设有学习急救常识、掌握情绪健康等社团;同时开设有篮球、击剑、武术、跆拳道、啦啦操、乒乓球等社团。

三是艺术类社团。以学习为目的,以兴趣为纽带,求同存异,在交流中进步,在交流中成长。艺术类社团为有相同兴趣爱好的同学提供交流的平台,提高学生的审美能力和艺术素养,丰富我们的校园生活,包括儿童画、手工、轻黏、土口风琴、葫芦丝、竖笛、舞蹈等社团。

四是科技类社团。为开发学生的智力,学校多次组织学生参加各类科技活动的观摩与实践,丰富学生的课余生活,并开设有小小科学家、航模制作、火箭模型制作、无人机试验等社团。

五是思维类社团。为了提高学生动手实践的能力,增强学生的逻辑思维,从而培养极具创新意识的小学生。学校开设有趣味数学、魔方、围棋等社团。

六是语言与文化类社团。为锻炼学生的口头表达能力,提高学生演讲的技巧,学校开设有语言艺术班、校园小记者站、广播站、卡通英语、外教课等;文化类社团开设有书法、朗诵、名人岛国等课程。

5. 聚焦"有氧文化",落实校园环境课程

校园文化环境是学校精神文明的重要载体,是一所学校的精神文化风貌。"让墙壁说话",它是利用学校所有墙壁因素去陶冶感染学生。它是一幅"主体的画",是一首"无声的诗"。在书香校园这个大背景之下,可以呈现出丰富多样的文化内容和思想信息,包括名人名言、格言警句、艺术作品、学生风貌、班级文化、知识活动等。

校园文化包含物质形态和精神形态两种范畴,有显性和隐性两种存在形式,具体由物质文化、制度文化、精神文化三方面所构成,其中校园精神文化建设是校园文化建设的核心。学校的"红领巾"广播站、校园内处处可见的名人警句都是物质文化,校园规章制度、现实行为规范是制度文化的范畴,而学校的学风、班风、校风则属于精神文化。所有这些都将集中反映在校园文化空间创意上。

(1) 大厅文化建设

学校大厅虽小,但文化建设种类多样,其中不仅包括具有岭南地域特色的建筑设计、校园景观、绿化美化这种物化形态的内容,也包括学校的传统、校风、学风、人文关

怀、艺术特色以及学校的各种规章制度和学校成员在共同活动交往中形成的非明文规范的行为准则,健康的校园文化,可以陶冶学生的情操、启迪学生心智,促进学生的全面发展。

（2）廊道文化建设

学校廊道包括学校楼宇走廊、道路、前厅斜坡等地方,廊道在学校内每天人流比较多,我们需要充分地利用廊道来为学校进行品牌文化宣传,作为一个重要的展示窗口,是学校品牌形象形成的一道风景线,更是对外让来访客人感受学校文化内涵的重要渠道之一。在不同区域展示不同内容,以学校文化理念和教育为主要展示内容,打造走廊文化要根据大楼的功能特点和学生的需要来设置主题与展板内容,还可以由师生自己动手设计制作,其内容更紧扣学生需要,切合学生要求,也更易于引发学生的兴趣与参与的积极性。基于这样的设计理念,学校从学生出发,用心设计切合孩子需要的板块及内容。在设计上不仅要吸引学生眼球,更要激发学生广泛阅读的兴趣,促使养成自主阅读的习惯。这样的设计不仅切合孩子们的需要,而且深化了学校的书香文化建设。

（3）教室文化建设

整洁幽雅的教室环境有着春风化雨、润物无声的作用。在教室优美的静态文化环境中受到感染和熏陶,触景生情,因美生爱,从而激发广大师生热爱学校的情感。丰富多彩、健康高雅的教室文化,可以增强学生对学校生活的兴趣,热爱学校生活、热爱文化学习,从而形成健康向上的校风。

（4）办公室文化建设

办公室文化建设是学校校园文化建设的重要组成部分。但一些校长在认识上还存在着偏差,认为办公室文化建设就是将有关制度上墙、名人名言上墙、素质教育宣传图画上墙等。这些仅是办公室文化建设的一个方面,只是大众化的做法,更重要的则是要精雕细琢,注重细节。

6. 做活"有氧整合",落实专题教育课程

专题教育是注重受教育者对社会现象和社会问题的认知,认识到其重要的社会意义,形成相应的社会能力,达到了解社会,认知社会并服务于社会的目的。我校的专题教育在整合多学科,多途径的基础上,形成丰富的"有氧整合"专题教育。

紧扣学校"五爱"的育人目标,结合学校的课程实际和孩子身心发展的特点,从学

习教育、纪律教育、礼仪教育、服务教育、安全教育、卫生教育、磨砺教育等方面,在一至
六年级制定了12个主题的课程内容。

表5-3　凤凰湖小学主题设计

年级	课程安排	课程内容
低年级	我们的开学季	1. 开学啦　2. 识国旗　唱国歌　3. 上课了,你准备好了吗?　4. 从小养成好习惯　5. 学习要专心　6. 上下楼梯守秩序　7. 我有"七个好朋友"　8. 认真上好课　9. 不作"邋遢"猫　10. 你今天锻炼了吗?　11. 我会学,我能行　12. 妈妈的好帮手　13. 讲究饮食卫生　14. 过马路要注意安全　15. 走进大自然　16. 小小种植家　17. 开笔礼
	我是少先队员	1. 就是要有勇气　2. 独立完成作业　3. 集队快静齐　4. 教你敬队礼　5. 时间老人的话　6. 食不言,寝不语　7. 爱护心灵之窗　8. 环保小天使　9. 劳动有苦也有乐　10. 环保"小卫士"　11. 提防"无牙老虎"　12. 不做旱鸭子　13. 游泳要注意安全　14. 这样做对吗?　15. 走进体育馆　16. 小小种植家　17. 入队仪式
	美丽的凤凰湖	1. 感受凤凰湖自然风景之美　2. 画"凤凰湖"　3. 剪纸"凤凰湖"　4. 凤凰湖之歌　5. 测量凤凰湖　6. 探索凤凰湖　7. 亲近凤凰湖
	我爱传统文化	1. 经典美文诵读　2. 中华传统美德学习　3. 经典名人典故讲故事比赛　4. "凤凰曲艺社"粤剧展演　5. 走进广州博物馆
	安全教育	交通安全——初步掌握交通安全知识与基本技能 消防安全——知道常见的求救电话,逃生演习
	礼仪教育	培养良好礼仪和传统美德,增强社会责任感
中高年级	学习准备期	1. 课堂常规训练　2. 文明礼仪督导队活动　3. 校园广播播报文明礼仪事迹　4. 队列训练　5. 写字课常规训练　6. 阅读课常规训练　7. 班级集体展示训练
	科技知识城	1. "小脚丫知与行"参观知识城展厅　2. 科学探索知识城高新项目　3. 描画未来知识城　4. 综合实践走进高新技术企业　5. 了解知识城,学会介绍知识城
	安全教育	交通安全——学习交通法规的相关内容 消防安全——正确面对灾害,珍惜生命,学习必要的自救技能

续表

年级	课程安排	课程内容
	小小少年	1. 大胆说出自己的见解 2. 学会礼让 3. 学会预习、归纳、整理 4. 待人接物讲礼仪 5. 作文要积累素材 6. 就餐礼仪讲究多 7. 在图书馆里 8. 安全使用煤气 9. 不去网吧 10. 从小学会理财 11. 职务是我们的朋友 12. 坚持到底 13. 在灾难面前 14. 锻造一颗坚强的心 15. 走进企业 16. 小小种植家
	法制教育	1. 培养学生对法律的兴趣,认识与地球知识相关的《森林法》、《土地法》、《环境保护法》等,学习与自身安全出行有关的《交通安全法》等 2. 了解宪法是国家的根本大法 3. 懂得遵纪守法的重要性,养成遵纪守法的习惯
	我们的毕业季	1. 小学阶段总结 2. 个人义务教育阶段生涯规划 3. 我理想中的初中生活 4. 回顾小学精彩瞬间 5. 我们的毕业典礼

针对不同年级学生的年龄特点、知识结构制定出相应的教学目标,采用灵活多样的教育形式,在搞好课堂教学的基础上,通过兴趣小组、参观考察、社会调查等方法,寓教于活动中,充分注重专题教育的实践性。力求加强教育与现实社会的密切联系,鼓励学生走出校园,接触自然,了解社会,使学生在观察、体验社会生活的过程中,开阔视野,丰富阅历,以致更好地接触自然、认识社会。学校专题教育的实施途径主要有:课堂教学、社会实践活动、团队活动及校园文化熏陶等。

7. 推行"有氧之旅",落实研学旅行课程

研学旅行是国家推行素质教育的一项重要内容,有利于促进学生培育和践行社会主义核心价值观。我校的研学旅行课程立足于本土,旨在开发有益于学生身心健康的课程。

研学旅行是实现有氧之旅的有效路径。研学旅行是基础教育课程体系中综合实践活动课程的重要组成部分,有利于提升中小学生的生活技能、集体观念、创新精神和实践能力。结合学科知识和综合实践活动,课程活动设计体现系统性。根据综合实践活动的模式,我校研学旅行可以分为三种:

① 文化考察式：结合当地资源考究当地文化，如帽峰山一日游、中新知识城的发展规划、过去的九龙镇、朴实的九佛情怀，凤凰湖小脚丫徒步旅行等，结合开展理想信念主义教育、爱国教育、革命传统教育，感受革命光荣历史，感受改革开放的伟大成就。

② 公益服务式：与社区机构合作，如环境保护协会和消费者服务机构等，深入当地敬老院，开展"我是义工我自豪""我为敬老院献爱心""绿在脚下""我是点灯人"等活动。结合我校地理位置，组建护航志愿队，丰富研学课程，促进我校公益事业的发展。

③ 情境体验式：与不同学科相结合，围绕凤凰湖因地制宜展开研学。比如语文学科中的"凤凰湖小诗人""凤凰湖话剧赛"；数学学科中的"量量凤凰湖"；英语学科中的"我是小小翻译家"；音乐学科中的"我与凤凰湖有个约会"；美术学科中的"醉美凤凰湖"等。

结合研学目标的多元化，课程内容和形式要体现多样性。研学强调知行合一，将知识和实践结合起来，因此研学旅行课程的内容和目标要逐渐从单一到多元，突出体验式和研究性学习，引导学生朝着多元成长的方向发展，培养学生的综合素养。

8. 整合"有氧互动"，落实家校共育课程

为实现学校、家庭、社会的共育局面，我校形成了"有氧互动"的家校共育课程。

家委会驻校共育为家校共育打开了一扇大门，学校在反复研磨的基础上，与家委会成员深入交流，确定以传统的家长会、家访活动为基础，以时代媒体元素为支架，创设家长学校、家委会会议，开展多样丰富的家校共育课程。

（1）变单向沟通为多维度互动

利用学校公众号、家长群、家长开放日等，畅通家校共育渠道。学校公众号、家长群作为学校宣传站，不仅在传递交流信息方面有不可替代的便捷作用，又可利用信息化环境实施教育，同样也是畅通家校共育沟通渠道的有力保证。学校积极利用公众号、家长群等媒体积累家校共育资源，发布校园动态活动，为家长创设一个参与学校工作的有利环境。家长能通过以上渠道关注孩子在学校的学习情况，对学校的教育思想和教学目标有一定的了解，从而更好地参与家校共育工作。

（2）变教育旁观者为课程参与者

学校以校园体育、艺术节、读书节等校园节日为依托，开发出系列亲子活动课程，如体育文化节的亲子越野赛、亲子三足跑、亲子踏石过河、亲子插红旗等。其中最有代

表性的活动课程——亲子越野赛,被安排在冬季最冷的时候,但愈是这样的时间、这样的天气,亲情愈被演绎得更浓郁,意志愈容易磨炼得更坚定,育人效果愈突出。此外,艺术节的亲子同台演出、亲子同绘一幅画,元旦迎新文化展示的亲子戏剧、亲子吟诵,还有亲子书信大赛、亲子读书会、亲子篮球队等各种亲子课程,可以使家长不知不觉地成为课程的参与者,不仅密切了亲子关系,也搭起家校协同教育的桥梁。

（3）变被动合作者为课程组织评价者

一是学校以家委会为主组织开展校外实践课程,学校引领家委会每学期根据自身的社交信息及时间节气等因素,确定校外实践内容,然后向学校提交活动审批报表,学校考察同意后,家委会进一步下发班级详细活动方案,开展活动。活动结束后,班级家委成员将活动的相关图片、文字等信息,通过校园网、班级博客、班级 QQ 群、微信群、美篇等多种方式进行宣传报道,使校外实践活动不仅广受关注,而且组织评价也越来越规范。二是以学校特色校本系列课程为载体,开展家校协作。这是家长角色转变由点向面逐步推开的工作。此项工作由学校牵头,结合学生的生活及成长需要,设置课程目标、开发课程内容、制定评价标准。然后,下发相关资料,由家长担任教师,以家庭为阵地,利用寒暑假及双休日时间开展课程学习,家长同步评价引领。学校则定期组织以班级为单位的抽号竞赛。由于在课程实施中的加盟,很多家长的理念与角色都开始发生变化,学生也因为家长的变化而成长得更迅速,周末与假期生活也变得更丰富多彩。

（4）变家庭教育者为校本课程开发与实施者

在学校的教育资源中,有一项资源最广大、最多样化,那就是家长与学校推出"家长教师进课堂"活动。活动以班级家委组织家长申报——学校审核——班主任与任课家长共同实施为基本步骤,由家长根据自己的专长开发教学内容,形成课程,每周安排固定时间,全校各班级全面开课。金融理财、创意制作、航海科技、服装制作、种子拼图、擒拿术、山地车等五花八门的课程,不仅有效填补了原有三级课程内容及师资力量的不足,更使学生在家校协同的课程开发活动中开阔了视野、增长了见识,增加了对父母工作的认识,增进了对父母、社会的理解与感恩。

——摘自《广州市黄埔区凤凰湖小学课程规划》

总之,实践是课程最美的语言。学校课程实施方式其实就是孩子们与世界打交道的方式。活跃学校课程实施必须让所有教师都动起来,跑起来,聪明才智蹦出来,多问几个为什么,多想几个做什么,多试几个怎么做。扎根过程,让所有的信息流动起来,让所有的渠道畅通起来,让所有的脑细胞活跃起来,学校课程变革图景一定是美妙绝伦的。

第六章　学校课程评价谋划

　　学校的课程评价要构建一套能够监控并改进课程方案品质、教师课程开发与实施质量、学生学业成就等三个方面的综合性的个性化的评价体系。学校的课程评价不只是评价最终的课程成品与书面结果,而应包含整个课程发展的过程,随时对课程的目标、实施进行监控。对不同类型的课程,应有相应的课程评价要求和方法,充分发挥教师的评价主体作用,开发适宜的本土化的评价工具。

　　"没有经过检验的课程是不值得学习的"(柏拉图)这句话或许是最早道破课程评价的必要性的论述。泰勒最初对评价的界定则点明了评价的基本性质,评价应该是一个过程,而不是一两个测验,测量赋予事物或事件以数字,评价则要对这些数字加以判断并赋予价值。[①] 可见,评价不仅是一项方法论活动,更是一项价值判断活动。学校课程评价是对课程执行情况、课程实施中的问题进行分析评估,包括对课程方案、学习结果、教师教学的价值判断,需要学校成员的统筹规划,进行整体评价方案设计,才能提升学校课程的品质,促进师生的共同成长。

一、学校课程评价是整体性评价体系

　　学校课程可以分为五个层次,学校课程评价主要涉及学校、教师、学生三个层面,

---

① Daniel L. Stufflebeam, George F Madaus, Thomas Kellaghan. *Evaluation Models*: *Viewpoints on Educational and Human Services Evaluation* [M]. Massachusetts: Kluwer academic publishers,2000:3-18.

也可以说是一种学校本位的课程评价,以学校内部成员为主要评价者,运用多种方法系统、全面地收集有关课程计划、课程实施活动、课程实施结果等方面的信息和资料,包括诊断性资料、形成性资料和总结性资料,进而对课程计划、活动和结果作出科学、准确的价值判断。因此,学校课程评价既包括对课程发展客观对象的定性或定量描述,又包括依据一定的价值标准对所得信息的主观判断,据此分析学校课程计划实际达成目标的程度,并作为学校课程变革决策的基础。

　　课程评价谋划是一个系统的工程。这句话其实包含了两层含义:第一,课程评价不是某个维度的单一评价,而是同时指向若干个维度。如克龙巴赫在《课程改革的评价》(1963)和斯腾豪斯在其《课程研究与设计导论》(1975)中就论述了评价的三项决策:①课程的改革:什么教材和教法使人满意,哪些需要改革? ②学生个人方面的决策:在拟定每个学生学习计划时,确定他需要什么;在进行选修课程和分班分组时,判断他的学习成绩;使其了解他自己的进步情况和存在的缺点。③学校行政规程:判断学校制度良好的程度,判断每个教师良好的程度等等。就基本的维度来说,学校的课程评价是对课程方案、学生学习和教师教学三个方面的价值判断;评价过程不仅要报告学生的成绩,更要描述教育结果与教育目标的一致程度,从而发现问题,改进课程教材和教育教学的方案、方法。第二,课程评价是对"事"的评价,而不是对"人"的评价。现有学校的课程评价很多是对教师、学生的人员评价,而不是对教学、学习的评价。人员评价与课程评价是两个范畴,不可混为一谈。

(一) 建立全程性的课程方案评价体系

　　受以往惯性思维的影响,当前很多学校的课程评价往往只关注学生的学习效果评价,而忽视了教学、课程两个方面,尤其是对课程方案的评价,缺少对总的课程规划方案的监控与跟进。课程方案本身直接关系着课程的实施与实施效果,它不是静态的存在,而是动态变化的,需要在实施过程中不断调整与完善。及时的评价与反馈,可以使课程方案回应课程实施中遇到的新问题和新需求。

　　就西方,尤其是北美的课程评价的本意来说,课程评价其实是指对课程方案的评价,是"人们收集必要的资料以决定是否采纳、修改或删除总体课程或某一特定教科书的过程或一系列过程"。① 课程方案是学校和教师对课程的整体规划与设计,课程方案评价的维度则包括课程目标、课程内容或结构、课程实施、课程评价等方面,但是在数据或者资料的分析过程中,不是对单一维度信息的分析,也不是对各维度信息的简单组合分析;而是进行系统思考,综合各维度的信息,对课程方案的价值、课程进展、结果进行描述和评判,据此了解课程方案达成目标的程度、判断课程方案的优缺点,最终的目的在于更好地改进方案,实现方案的优化,促进学生的发展。

根据美国教育评价标准联合委员会设计的"方案评价标准",一项好的课程方案评价要遵循四类标准,即效用性、可行性、适切性和准确性。② 因此,课程方案评价的设计重点在于:评价是否能够提供所需要的信息,以此发现所设计、开发和实施的课程是否正在产生或能够产生预期的结果;评价指标是否可行,以此了解课程方案的可行性,是否值得继续进行下去;评价实施是否合理、合法,以此了解课程方案是否适应学生的需求,是否符合国家和地方课程标准,学生和教师对这些课程方案有怎样的看法和意见;评价所得的信息能否准确反映课程方案的特征,以此了解课程方案应该在哪些方面作出改进。

学校课程方案评价表现为三种形态:一是学校总体课程方案的评价,二是教师开发设计的校本课程方案的评价,三是校本教材开发的评价。在当前的学校课程规划中,三种形态的评价都有一定的尝试。

如在南京市第十三中学科利华分校课程规划中,从课程开发与实施的全过程对学校总体课程方案进行认证和评估。如表6-1所示:

表6-1　课程评价表

评价内容	评价维度	等级评定			性质描述指出优劣	备注
		优良	尚可	改进		
课程背景	学生发展需求评估 学校课程资源把握 家长课程期望水平评估 ……				优: 劣: 分析:	

① [美]奥恩斯坦.课程:基础、原理和问题[M].南京:江苏教育出版社,2002:339.
② 郑东辉.什么样的课程方案评价是好的评价[J].当代教育科学,2011(16):13-15+40.

续表

评价内容	评价维度	等级评定			性质描述指出优劣	备注
		优良	尚可	改进		
课程方案（教材）	理念先进 目标调适 内容重构 教材组织 ……				优： 劣： 分析：	
实施过程	学生兴趣 课程改进 资源配置 ……				优： 劣： 分析：	
发展绩效	学生发展 教师发展 学校发展				优： 劣： 分析：	
总评	汇总概括各项评定结果，提出原则性改进建议 评价者： 时间：					

——摘自《南京市第十三中学科利华分校课程规划》

　　南京市第十三中学科利华分校所进行的课程评价，包含"课程背景"、"课程方案"、"实施过程"、"发展绩效"四个维度，每一个维度又有进一步的指标；评价结果不仅关注等级，也重视改进建议；同时以"性质描述"作为补充，使课程评价更加全面和完善。

　　教师开发设计的校本课程方案的评价是对由教师自己设计的课程文本进行评定。这些校本课程设计包括科目开发背景、科目目标、科目内容、科目实施、科目评价等内容，相应地，教师课程开发质量的评价维度也包括这几个方面。在评价的实施上，可以采用自我评价和他人评价相结合的方法，激发教师课程开发的意愿，鼓励教师的积极投入，提供教师自我发展的机会。现有的学校课程变革实践，关注的是如何开发校本课程，忽视了课程开发的质量评定，相应的质量评价体系也很缺乏。也有一些学校在这方面进行了尝试。

　　如南京市第九中学弘光分校的课程建设，在"让每一个学生都拥有精彩的梦想"课程理念指导下，学校致力于为学生选择提供足够的校本课程，但也认为校本课程的建设不能光追求数量，而要努力做到"三个结合"，即课程开发与学科课程结合，拓展基础学科的学习内容,努力夯实学生的学科功底;与社会多样化需求结合,及时吸纳科技、文化、经济、社会发展的最新成果,奠定学生适应未来社会生活的基础;与学生自身发展需求相结合,促进学生个性特长的养成和发展,进而提出了"梦想课程"的评价标准。如表6-2所示:

表6-2　南京九中弘光分校"梦想课程"评价标准(试用)

课程名称						
评价项目	评价方法和要求	等第				得分
		A	B	C	D	
形式标准 (30分)	1. 开设的校本课程科目有《课程纲要》,并附有《课程说明》					
	2. 有必要的课时保证					
	3. 能够定期组织校本课程相关理论的培训					
	4. 既尊重个体,又普遍关注,课程有广泛的学生参与度(核心的校本课程要求每个学生学习)					
	5. 有实施课程必要的专用教室及场地					
内容标准 (40分)	6. 尊重学生的兴趣、需求,着眼于学生的全面发展,通过问卷、座谈等形式广泛征求学生意见					
	7. 立足学校及地区实际,挖掘校内资源优势,开设的课程体现本校特色					
	8. 课程内容结构合理,兼顾学生知识与技能、过程与方法、情感态度与价值观方面的发展					
	9. 采取生动、开放、灵活的组织形式,激发学生动手、动脑、动口和自主、合作、探究的学习热情					
	10. 充分挖掘校内外可利用的课程资源,拓展活动空间					
成效标准 (30分)	11. 有作品展示、创新设计、档案袋记录等形式的研究成果					
	12. 有特色表演、实物制作、诵读演讲等多种成果展示活动					
	13. 学生和家长对校本课程有较高的满意度					

——摘自《南京市第九中学弘光分校课程规划》

（二）建立全面性的教师教学评价体系

教师教学评价是在课程实施层面进行的,教师的课堂教学是学校课程建设的核心内容之一,关系着课程方案的落实,教师教学的评价是对课程实施过程的有力监控。

教学评价是在有意识、有计划进行教学指导过程中,依据一定的教学目标对教学活动所作出的价值判断。包括有效地进行教学指导的一连串反馈活动,它对完善教学计划、调节教学进程、选择合适的教学方法,提高教学水平起着重要的作用。[1] 一般而言,教学评价主要包括教学目标、教学内容、教学手段与方法、教学效果等方面的内容。从课程实施的全过程来看,教学评价则包括教学的准备与投入、教学开展、教学成效三个大方面的内容。教学的准备与投入涵盖教师自身的准备情况,如知识准备、教学设计准备等,教师对学生的准备,如学生在学习新课前的知识和技能储备、学生的学习心理和个性等;教学开展方面涵盖教师的教态、教学内容设计、教学方法、课堂氛围、教师对学生的关注、学生的回应与投入等;教学成效方面涵盖教学目标的达成度、学生满意度、对学生后续学习的影响力等。

美国学者尼尔森(Danielson,1996)提出了一份教师评价的标准,包括4个领域22个指标[2],可以作为学校思考教师教学评价的参考维度,如表6-3:

表6-3　尼尔森提出的教师评价标准

领域1：计划和准备	领域2：课堂氛围
1. 证明关于内容和教学技能方面的知识	1. 创设尊重、友爱的课堂环境
2. 证明关于学生的知识	2. 形成学习的文化
3. 选择教学目标的能力	3. 形成管理课堂的程序
4. 证明关于资源利用的知识	4. 管理学生行为的能力
5. 设计连贯的教学	5. 利用教室的空间
6. 评价学生的学习	

---

[1] 张必芳. 布卢姆教学评价理论述评[J]. 山东师大学报(社会科学版),1987(2)：41-46.

[2] Danielson, C., Mcgreal, T. L. *Teacher evaluation to enhance professional practice*[M]. New York: Educational Testing Service, 2000: 74.

续表

领域 3: 教学	领域 4: 专业责任
1. 和学生清晰、准确的交流	1. 反思自己的教学
2. 使用问询、讨论的技巧	2. 持续而准确地记录自己的工作
3. 吸引学生投入学习	3. 和家长进行交流
4. 对学生提供反馈	4. 对学校和学区的贡献
5. 证明教学的灵活性和敏感性	5. 专业化的成长和发展
	6. 表现出职业道德

在教学评价的实践中,根据教学评价的维度可以采用相应的评价方法与技术。在教学准备阶段可以采用诊断性评价的方法,了解师生的准备程度,确定教学的起点和层次,安排教学计划。诊断性评价以发现问题,提出补救办法为目的,可以采取预备检测、性向测验、自我汇报等技术。在教学开展阶段主要采用发展性评价的方法,旨在了解学生的进步情况,根据学生的学习情况及时调整教学内容并采用适当的教学方法,学生可以根据及时的反馈明确学习的差距,对自身的学习行为加以调节,可以采取当堂测验、口头汇报、观察等技术。教学成效方面主要采用总结性评价的方法,旨在了解学生对学习内容的掌握程度,可以采取阶段测验、论文、研究报告、调查等技术,当然这种总结性的评价不仅是作为一个结果,更多的应该成为新评价循环的诊断基础。[①]

有些学校也建立了自己的教学评价体系,如南京市同仁小学的课程建设中,对应学校构建的"天性课堂",提出了"天性课堂"教学评价体系。"天性课堂"教学评价更加关注每一个学生的价值、情感、意志,注重学生学习态度、课堂表现、个人特色、小组合作等方面的现场表现与发展态势,充分体现课堂教学评价多样性和发展性的特点。具体见表 6 - 4:

---

① 胡浩译. 教学评价的类型[J]. 教育理论与实践,1987(5): 53 - 54.

表6-4 同仁小学"天性课堂"教学评价表(讨论稿)

授课人		学校		班级		时间		
课 题					课型:	总分		
评价项目		评 价 内 容				权重	评估结果	项目得分
							分值	得分	
优化教学目标	目标引领	1. 教学目标明确、具体,符合课程标准要求、教材实际,适合学生发展。				20	10	
		2. 重点、难点的提出与处理得当,能抓住关键,以简驭繁,所教知识准确无误。					10	
优化教学全程	顺乎天性自学自教	3. 教学过程思路清晰、课堂结构严谨,教学密度合理。				50	10	
		4. 学生课前已自主对教材进行了一定了解和思考,并结合教材内容查阅、收集了部分补充资料。					10	
		5. 小组学习任务明确,活动有序,形成良好的互助氛围。					10	
		6. 生生、师生间采用多元方式(如报告会、辩论会、主题讨论等)展开交流与分享。					10	
		7. 鼓励学生选择自己喜欢的学习方式,自主学习,构建自己的知识体系。					10	
		8. 问题设计体现层次性和开放性,人人有提高。				10	5	
		9. 抓住重难点进行适度拓展,培养学生的实践、创新能力。					5	
		10. 评价语言饱含激励,有真情实感。				6	3	
		11. 反馈形式多样(口头汇报、习题作答、游戏竞赛等),及时矫正,巩固要点。					3	
教学基本功	技能体现	12. 用普通话教学,语言规范简洁,生动形象。				9	4	
		13. 教态自然、端庄大方,有亲和力与凝聚力。					3	
		14. 板书工整、美观,层次清楚、言简意赅,富有启迪性。					2	
教学个性	特色彰显	15. 教学有个性,文化底蕴丰厚,特色风格鲜明。				5	5	

注:A:100—88;B:87—75;C:74—60;D:60以下

——摘自《南京市同仁小学课程规划》

（三）建立综合性、个性化的学习成就评价体系

学习成就评价是在课程实施的结果层面进行的。课程规划应该建立在我们希望学生学到的内容的基础上。如果我们的课程和教学并不是根据学生的学习结果所设计的，就会浪费学生的时间和社会有价值的资源。[①] 同样地，评估课程和教学的实际效果则要对学生的学习成就进行评价，了解学生是否达到了预期的学习目标？学校所设计的课程和教学是否促进学生达到这些学习目标？

学生的学习成就评价是综合性，表现为：其一，学习成就不仅指学生掌握的知识与技能，还包括学生学习能力的提高，学习方法的掌握，积极的情感、态度、价值观的养成，是各方面素质的提升，因此学习目标的设定，不仅包括行为性目标，还应该包括生成性目标和表现性目标；评价的方法除了采用标准化测验，以数据或数字加以考量，更多的应该采用观察、调查、学习档案等方法辅之以文字的描述，使评价结果更科学、有效。其二，学习成就的评价不仅指学习结果，也关注学习过程，强调在学习活动的情景中评价学生，以表现性评价的方法观察学生在任务解决中寻找策略的能力，记录学生的行为表现，激发学生学习的动力，挖掘学生的潜能。

学生的学习成就评价也是个性化的。每一位学生都具有成长的可能性，课程与教学关注每一位学生的学习结果，因此学习成就评价要求根据不同学生的实际背景和学习情况进行个性化设计，评价的层次性和多样性使每一位学生都能在原有的基础上有所进步。在评价的实施上，不仅有教师的评价，也鼓励学生开展自我评价和同伴评价。

如在温州市瓯海区瞿溪小学教育集团"指南针课程"规划中设计的学习成就评价：

1. 学习评价的范围：

A. 基础性发展目标。根据《教育部关于积极推进中小学评价与考试制

[①] ［美］乔治·J·波斯纳，艾伦·N·鲁德尼茨基. 学程设计：教师课程开发指南［M］. 赵忠建等译. 上海：华东师范大学出版社，2003：103.

度改革的通知》的要求,对学生进行道德品质、公民素养、学习能力、交流与合作能力、运动与健康、审美与表现等进行全面地评价。

B. 学科学习目标。根据各学科课程标准,采用多样的、开放式的评价方式,如笔试、口试、实验操作、设计、实践问题解决、作品展示、对学生表现的观察、学生成长记录袋等,避免过分重视等级、量化,不将学生成绩排队、公布,充分利用考试促进每个学生的进步。

C. 活动学习目标。发展学生的创新精神和实践能力、培养学生发现问题、分析问题的能力、丰富学生的经验,培养良好的个性品质等。

2. 引入学分制评价

学校课程中所采用的学分制评价,就是以量化分值形式,通过学分来评价学生在学校课程各个选修项目的成长经历以及所达到的发展程度,以此加强课程管理,促进学生发展。每学年学校课程学分由考勤学分(5学分)、基础学分(15学分)与奖励学分三部分构成,学分在学年期末评定时按一定的标准转换为A(优秀)、B(良好)、C(及格)、D(待及格)四个等级,记入《学生成长手册》。

——摘自《温州市瓯海区瞿溪小学教育集团课程规划》

瞿溪小学教育集团学习评价方案的特点表现为:第一,评价内容既关注基础性,又关注发展性,包括知识技能、情感、价值观、问题解决能力、创新能力等多方面的学习结果。学业成就评价不仅关注学习习得的能力(learned abilities),更关注学生的学习能力(learning abilities)。[①] 第二,评价方式多样化,量化和质性方法并重,关注学生行为表现,强调对学习过程的评价。第三,学分制评价方法,重在激励学生积极主动地参与校本课程学习活动。

如上海市北京东路小学采用"发展走势图(波形图)＋学习态度＋内差评定"的评价单(见图6-1)。

发展走势图将鉴定式的等第化为三条曲线,对学生进行模糊评价。横向上能看清

① 陈玉琨. 基础教育再认识——兼论人才培养模式的改革与创新[N]. 文汇报,2002-11-25.

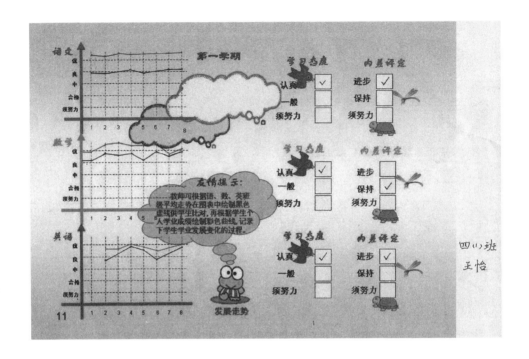

图6-1　上海市北京东路小学评价单

每个学生的发展趋势,纵向上学生本人能清晰地看出与班级及平均间的差距;学习态度采用认真、一般、需努力三个级别,让学生进行自我评价,使学生感受与领悟自己的学习态度与学业成绩间的必然联系;内差评定则用保持、进步或退步表示。这种评价方式让学生一目了然,在每一个发展阶段客观地展现每一个学生的学业发展变化过程,促进自我激励。

二、谋划学校课程评价的整体框架

在课程评价实践中,不同的评价取向会倾向于不同的评价内容、评价主体,采用不同的评价模式、评价方法和技术。学校课程评价要进行整体谋划,从评价取向、内容、主体、方法等角度构筑良好的评价框架。

（一）学校课程评价不仅是对结果的评价，更是对过程的评价

每一种课程评价都会体现特点的价值观，反映着课程评价本质的理解，指引着课程评价的操作。在泰勒原理中，课程评价是一个线性的过程，确定课程目标、课程内容然后进行评价。[①] 在现有的课程开发实践中，很多学校都采用了这种线性的评价观，表现为一种目标取向的评价。事实上，自泰勒以后，这种线性的评价观已经受到了诸多批判，评价的范围不仅指向静态的结果，更指向动态的过程。目标取向的评价追求评价的客观、理性，忽略了人的行为的创造性和过程本身变量的多样性。诸多研究表明，真正有效的课程评价不只是评价最终的课程成品与书面结果，而应包含整个课程发展的过程。课程评价是课程发展过程中每一个步骤的必要工作。[②]

过程取向的评价强调过程本身的价值，关注课程开发、方案制定和实施过程中诸多要素，将教师和学生在课程开发与实施中具体表现、课程方案的具体实施情况作为评价的内容，强调评价者对评价情境的理解，不仅关注课程实施的预期目标，也关注课程实施产生的非预期效应。学校课程评价坚持过程取向，将课程研究、规划、设计、实施的步骤都作为课程评价的对象，在每一个阶段及时收集具体而详细的反馈信息，及时了解方案设计与实施的问题所在，为方案的修正和实施的改进提供依据；同时关注学生的学习行为，如学生行为表现的变化、与学习情境的交互作用、对学习内容的掌握程度、学习行为的偏差等；关注教师的教学行为，如教学情境的变化、师生互动的变化、目前采用的教学方法与手段的实际效果、如何进行教学反思等。课程评价应该是贯穿在课程设计与实施的始终，随时对课程的目标、实施过程进行监控，旨在获得有关课程的"证据"，以收到诊断、改进的功效。

如西康路第三小学构建的学校课程评价体系：

---

① 雷晓云.泰勒的课程评价模式述评[J]课程.教材.教法，1989(4)：27-30.
② 蔡清田.学校整体课程经营——学校课程发展的永续经营[M].台湾：五南图书出版公司，2002：225.

课程领导小组以发展性、拓展性、科学性、适用性和广泛性等几个方面作为评价的标准对课程进行评价。

（1）对课程计划的评价

研究小组将根据课程开发的目的，与国家地方课程的联系程度，对学生各方面素质提高的能否，对学生技能培养和创新意识培养的能否，对教师开发的课程方案进行评价。

（2）对课程实施过程的评价

主要包括对教师课堂教学的评价。经常深入校本课程实施课堂，指导开课、听课、评课工作，和实施教师一起研究情况，帮助他们及时总结。同时了解学生的需求和学生学习情况。与常规课堂教学评价相结合，注重教师的全员参与和全程参与。

（3）对课程实施效果的评价

从对课程目标的达成度、学生的学习情况和学生的满意度等几方面进行评价。教师每周须写札记或心得体会，包括成功的经验和失败的教训，并作为每月考核内容之一。对教师开发的校本课程，期末将组织教师展示校本课程的所有成果，请全体教师参与评比。评选出的优秀校本课程，学校予以表彰和奖励。将教师开发出的校本课程的成果记录在教师业务档案，作为职称评定等条件。做好校本课程实施的经验及成果的推广和应用。

——摘自《上海市静安区西康路第三小学课程规划》

西康路第三小学的课程评价不仅构建了课程评价的标准，而且从计划、实施过程、实施效果等几个方面全面地对课程开发的质量进行监控，有效地保证了课程开发的品质。西康路第三小学这种兼顾结果和过程，同时指向课程的改进和质量监控的评价体系是卓有成效的。

（二）不同类型的课程需要不同的评价方案

不同的评价内容要采取不同的评价方法，不同类型的课程要设计不同的评价方案。由于承担的功能不同,不同类型的课程需要有不同的定位,制订符合课程类型的评价方案。就上海二期课改提出的三种课程类型来看,基础型、拓展型、探究型课程的定位不同,课程功能和价值不同,如不加区分的使用同一课程评价方案,不仅不利于各类课程的改进,也不利于学校整体课程框架的改善。当前很多学校在制定课程评价体系时,往往只是强调课程评价的理念,如"从不同角度、不同层次评价学生的学业情况","力求全面、客观、多手段地评价,让学生在评价中得到激励"等等。可以说,学校已经逐渐意识到自身课程评价的局限,但在具体的评价设计中,表面上是依据先进的理念,但实际操作上还是照旧。或者说,很多学校追随"改革风",以统一的评价理念来"武装"自身的评价体系,结果是学校都采用同一种评价方案,忽视自身的实际背景,没有学校自身的特色。

基础型课程因其深厚的历史背景,积累了丰富的评价经验。一直以来学校开展的也主要是基础型课程的评价,在基础型的课程中,因其性质和功能的基础性、根本性,评价关注的是认知结果和技能,是一种目标取向的评价模式,多采用量化评价的方法,以学生的成绩对学生进行等级评定,评价的结果以数字或数据为依据。这种评价方法聚焦的往往是显性的可测量的品质和行为,关注的是教学任务的完成和教学目标的实现。[1] 目前而言,测验等这种考试评价的方法依然是学校课程评价的主流,发挥着客观性、易操作、易分析等优势,但随着课程改革的推进,这种评价方法的局限性也越来越凸显。考试评价并不是唯一适合的方法,基础型课程评价中,需要进一步探索,哪些方法可以和这种单一的量化方法相结合使用,新开发的评价方法如何在基础性和发展性中取得平衡等。

拓展型和探究型课程是新提出的课程类型,本身还处于研究和探索之中,对这两种课程的评价有一定的难度,学校也存在诸多困惑。拓展型和探究型课程更强调课程实施的过程而不是结果,教师教学任务的完成相对不是特别重要,相反,学生主动参与的积极性、思维方法的合理性、操作程序的科学性、感受领悟的深刻性等应成为评价的重要维度。有时,甚至一个没有结果的学习过程,其意义仍然不可低估。[2] 因此,基础

---

① 黄光扬. 论基础教育考试评价改革的六个重要关系[J]. 中国教育学刊,2002(5): 56 - 58.
② 刘宝剑. 研究性学习的十个关系[J]. 学科教育,2001(12): 15 - 18+27.

型课程中比较严格的量化评价就不太适用,而应采用描述、展示、交流、解释、对话、实际操作、项目等质性或真实性的评价。

　　如在南京市第十三中学红山校区课程规划中,对基础型课程、拓展型课程和探究型课程设计了不同的评价方案。如表6-5、表6-6、表6-7所示:

表6-5　基础型课程学习评价表

序号	评价要点	自评	组评	师评
1	明确学习目标与任务			
2	学会课前预习、提出思考点、梳理要点			
3	从语言学习的角度加深对课程知识和方法的理解			
4	掌握听、说、读、写等基本技能			
5	善于合作,有合作学习的愿望			
6	在合作学习中感觉愉快,在小组中起到骨干作用			
7	在小组中善于总结、归纳和反思			
8	能主动请教他人并帮助他人			
9	在小组学习中能提出不同见解并勇于修正自己的观点			
10	自觉复习,独立完成作业			
11	能运用学过的知识解决生活中的问题			
12	有质疑意识,独立思考、自主学习,主动发现问题,提出问题,寻求解决问题的方法			
13	勇于克服困难,有强烈的求知欲			

表6-6　拓展型课程学生自评表

姓名	参与态度			与他人合作			积极研究			成果积累			创新求异			总评
	优	良	合格	优	良	合格	优	良	合格	优	良	合格	优	良	合格	

表6-7　探究型课程学生自评表

	探究课题			指导教师	
	探究成员			成果形式	
评价指标	一级指标	二级指标	三级指标		
	学习态度	参与意识	积极主动,出勤率高,有责任感和上进心		
		意志品质	意志坚强,不怕挫折		
	合作交流	组织能力	同伴互助,善于求助,自主性强,能发动群众		
		团队精神	团结合作,求同存异,交流分享,有风险精神		
	探究能力	问题意识	善于发现有价值、与众不同的问题		
		观察、判断能力	观察细致、敏锐,视角广,有深度		
		信息处理能力	善于收集、处理,能掌握,会运用		
		思维创造力	思维敏捷,有创造性,能举一反三,学以致用		
		操作实践能力	勤动脑,善动手,调查、实验、设计、制作,有结果		
	成果评定	形式	完整,新颖		
		质量	科学,实用		
		第一学期		第二学期	
收获与启示					
自评					
互评					
师评					
学期成绩					
学年成绩					

——摘自《南京市第十三中学红山校区整体课程规划》

从以上三个表格课程可以看出,南京市第十三中学红山校区对基础型课程的评价,侧重于采用行为化的指标,保证学生知识的获得与技能的掌握,同时将学生自评、小组互评、师评三种评价形式相结合,使评价结果客观、公正。拓展型和探究型课程的评价则侧重于学生的参与、合作与探究能力的考察,并以学生自评为主,重视学生学习过程的体验和能力的提升。

（三）充分发挥教师的评价主体作用

教师作为课程与教学情境中的"内部人员"，在课程评价中具有主体的地位。教师主体功能的发挥不仅体现在学生学习成就的评价上，也体现在课程方案的评价上，尤其是校本课程方案的评价上，体现在自身教学评价上。

教师是学校课程方案的设计者和实施者，对课程方案本身有着详细的了解，对课程的实施有着深切的感悟，也最了解学校课程发展的脉络，因此，对课程方案实施效果的评估则更加全面和理性。当前对学校课程方案的评估倾向于由外部专家和上级教育行政部门进行，是一种外部评估；教学的评价也主要采用同行评价和外部专家评价的方法，教师是一个"被观看"的角色，虽然也有一些教师的参与行为，但都只是表面化和形式化，对评价的结果影响不大。随着教师课程自主权的增强，教师参与课程评价并成为主要的评价者，逐渐成为了一种政策需求和教师专业发展需求，不仅可以提高课程评价的质量，推动课程方案的有效落实，也激励着教师通过评价提高自身课程开发与实施的质量。

教师对课程的评价，其实也是在探究自身课程开发和教学行为的发展过程，是协助教师收集讯息、了解问题、研拟策略和改进问题的过程，也可以说是一个鼓励教师"自我决定"的过程。教师需要思考的问题，诸如：设计的课程在学校整体课程方案下是否适当？与学生的需求是否相符？是否有利于促进学生各方面能力的培养？等等。在具体的课程评价实施中，可以借鉴美国学者 Fetterman 提出的赋权增能评价（empowerment evaluation）。赋权增能评价强调教师的评价自主权，通过检视自身的课程方案和教学，及时记录与跟踪，发现方案和实施中问题，拟定对策，借以修正和改进方案和教学，在这个过程中培养和提高教师的专业能力。[①] 因此，学校层面的课程评价要做到以下几点：

其一，相信教师已经具备一定的专业能力，同时加强关于评价方面的教师培训，使教师掌握相应的评价理论与技术，逐步培养教师参与评价的意识，提高教师的评价

---

① 刘兰英.赋权增能评价：内涵、实施步骤、局限性及启示[J].外国中小学教育,2009(4)：15－19.

能力。

其二,教师参与课程的评价,不是指只有教师这个评价主体,而是一个合作的过程,为使教师评价主体功能更好地发挥,需要有外部专家的协助,在教师的评价实践中给以切实的指导,答疑解惑。

其三,教师开展课程评价也是一个行动研究的过程,从课程方案的制定到一个阶段课程实施的结束,要经过一个长期的过程,每一步的评价反馈对方案的改进都极为重要,学校要给予教师足够的耐心和时间,使教师在每一个环节都能顺利进行反思和总结,在研究和评价中逐步成长。

(四) 开发本土化的课程评价方法和工具

课程评价的模式多种多样,如泰勒的目标评价模式,斯克里文的目的游离评价模式,斯塔弗比尔姆的背景、输入、过程、成果(CIPP)评价模式,斯塔克的外观评价模式,普罗佛斯的差距评价模式,CSE评价模式,自然式探究评价模式等,[①]每一种评价模式都有相应的评价过程与方法。这些评价方法从不同的角度看,有不同的类别,如量化方法主要有纸笔测验,质性的方法主要有观察、调查、访谈、描述性评价、故事评价、个案评价、苏格拉底式研讨评定法、档案袋评价、实作评价、360度评价法等,不管是量化还是质性的方法都有各自的适用领域和优势,学校在运用这些方法的同时,还要致力于开发本土化的课程评价方法和工具。

本土化的课程评价方法是基于学校实际课程框架,反思学校课程评价中的问题,借鉴已有评价方法的优势并在此基础上开发出来的,是学校集体智慧的结晶。本土化的评价方法更能契合学校的实际需要,解决学校课程评价中的难题,为保证这种评价方法的科学性、合理性,需要遵循一定的原则。如对这种评价方法本身是否有清晰的描述,评价方法是否适合所要评价的课程类型,是否包括测量非预期的效应,是否能够提供给评价者所需要的信息,是否有相应的资源保证等。[②]

很多学校在已有课程评价方法的基础上开发了本土的评价方法。如在南京市成

---

① 施良方. 课程理论：课程的基础、原理与问题[M]. 北京：教育科学出版社,1996：154.
② Unruh, G. G. and Unruh, A. Curriculum Development：Problems, Processes, and Progress [M]. 1984：291-295.

贤街小学课程评价中,除了采用传统的数据评价以外,还开发了富有特色的星级制评价。

例如,成贤街小学京剧课程学年段星级评价标准:

京剧课程(音乐)学年段评价标准

一年级

★ 能表现出对京剧故事的兴趣;能和着节奏进行数板念白《报灯名》

★★ 能知晓1—2个京剧故事;能运用京腔进行数板念白《报灯名》

★★★ 能说出自己熟悉的京剧历史故事;能模仿丑角的京腔数板念白《报灯名》

二年级

★ 能表现出对京剧表演的兴趣;能和着旋律哼唱《穷人的孩子早当家》

★★ 能描绘出自己熟知的历史故事及人物;能和着旋律演唱《穷人的孩子早当家》

★★★ 能通过合作的形式模仿京剧故事中的片段情节;能独立演唱《穷人的孩子早当家》

三年级

★ 知道京剧中"四大名旦"的意思;能跟着旋律哼唱《都有一颗红亮的心》与《甘洒热血写春秋》

★★ 能说出"四大名旦"的名字;能和着旋律演唱《都有一颗红亮的心》与《甘洒热血写春秋》

★★★ 能说出"四大名旦"的代表作品;能绘声绘色地清唱《都有一颗红亮的心》与《甘洒热血写春秋》

·············

——摘自《南京市成贤街小学课程规划》

目前一些学校在课程评价中面临的普遍问题是评价工具比较单一,主要是依靠纸笔测试。单一的评价工具容易导致评价内容和结果的片面性,学校本土化课程评价工具的开发可以使评价工具丰富起来,学校之间可以相互借鉴,改善课程评价的困难局面。本土化评价工具的开发要遵循的原则有:是否适合这项评价的目的,是否有利于信息的收集,所获得信息的信度和效度如何等等。很多学校也进行本土化评价工具的设计尝试,如课堂观察表、轶事集锦、典型课堂问答记录、作业中的错误记录、同伴评价表格、学科学习日记等,各具特色。

如上海市嘉定区普通小学,在拓展型课程中提出了"智慧学分卡",动态记录学生个性潜能发展的独特领域和生长点:

> 学校自主开发校本课程,面向学生开设智慧课程校本课程超市,公布课程超市菜单,标明不同课程的内容、课程的学分。鼓励学生自主选择课程、选修学分。学生每选修完一门校本课程,完成课程学习任务,经考查合格即可获得相应的学分,分值一般在 3—5 分之间浮动,视课程学习的难度系数而定,记录在学生"智慧成长学分卡"上。学分卡上记载课程内容、学分、实施效果评价等栏目,每学年换用一张,并采用跟踪记载累加积分的方法,只要在五年内完成规定的 30 个学分,在这期间学生完全可自主选择 3—5 门或以上的校本课程进行自主学习。从而最大限度地调动学生的主观能动性,满足学生的意愿、爱好,促进学生多元化、个性化的发展。

——摘自《上海市嘉定区普通小学课程规划》

这些本土化的课程评价工具大大丰富了学校和教师的评价实践,而在制作这些评价工具的过程中,教师们对于量化、质性评价工具的特性,对于纸笔测验与真实性评价的特定效能,对于如何利用评价学生的学习和自己的专业技能的提升有了更加深入的理解。

三、学校课程评价要注意的问题

对课程评价的理解不同会产生不同的学校课程评价实践,学校课程方案、课改历程的差别,使实际制定的课程评价方案也是多种多样的,但在评价理念上还是需要达成共识,关注以下两个方面的问题。

(一) 课程评价的目的在于改进,而不仅是证明

课程评价不是一项纯技术性的工作,也不仅是对客观现象的描述,还需要对评价对象的价值与特点作出判断。可以说,这是课程评价的直接目的。课程评价如果仅作为技术性的工作,很容易局限于对结果的测量,从结果中获得证据寻求与预期目标之间的差距,表现为一种回溯性;课程评价作为价值判断的活动,要思考的是:课程的设计与实施有着怎样的价值观,期望达到的结果是否值得付出这样的努力,怎样获得作出判断所需的信息,怎样从事评价的行动等,倾向于了解课程设计与实施的全程情况,并据此确定课程改进的内容和方向,具有前瞻性。

课程评价的功能是多方面的,包括诊断课程、比较各种课程的相对价值、预测教育的需求、确定课程目标达到的程度、修正课程等,前几种功能都是为课程的修正与改进服务的,课程改进才是课程评价最重要的目的。课程评价通过收集和分析有效的信息,检视课程本身与实施的优势与问题,进而做出有关课程的判断与决策,旨在完善课程,使课程"增值"。课程改进是一个连续的过程,是由一个个阶段的进步组合而成。在实际的课程评价中,学校往往关注的是对课程方案、教学、学习的总结性判断,回答了"效果怎么样"的问题,却忽视了"发生过什么"和"今后怎么样"的问题。课程评价的结果不仅定位于对过去行为的总结,更多的是作为下一步行动的基础。课程改进的实现要求学生、教师等利益相关主体对评价结果的理解与认同,于学生而言,能获得关于"课程是否与学生的发展水平相适应、是否能激发学生的学习动机"等信息;于教师而言,能获得"教学内容设计是否合理、教学手段是否适用"等信息;于教育行政人员而言,能获

得"课程安排是否合理、课程资源是否得以保证"等信息；各利益相关者对原有行为进行反思，并制定新的行动计划，不仅能达成自身利益的满足，还能促进整体课程的发展。

（二）课程评价往往与课程实施连为一体

课程评价并不是孤立于学校整体课程之外，而是以课程哲学为灵魂，和课程实施连为一体的。在一定意义上，课程实施中蕴含课程评价，课程评价就是课程实施。例如，郑州市东关小学的课程规划，将课程实施与评价整合考虑，值得我们借鉴和分享：

课程实施是学生快乐成长的过程，是教师享受教育幸福的过程，是彰显学校办学特色实现学校育人目标的过程。东关小学从"怡美课堂"、"怡美学科"、"怡美社团"、"怡美节日"、"怡美之旅"、"怡美舞台"、"怡美文化"七个方面入手实施学校课程。

1. 建构"怡美课堂"，提升课程实施品质

"怡美课堂"是和谐的课堂。在和谐愉悦的课堂气氛中教与学，形成一个蕴含美感，生动活泼，欢快愉悦的课堂教学氛围，使学生想学、善学、乐学，使教师在创造这样的课堂的过程中，享受到教育的愉悦和美好，追求一种幸福而完整的教育生活。"怡美课堂"是个性张扬的课堂。教师通过自己独特的，充满创造性的课堂，让学生的主体性得到充分发挥，个性得到彰显，获得成功的体验，并能得到老师和同伴的肯定、鼓励、欣赏和赞美，从而体现学习的价值和自我发展的价值。

（1）"怡美课堂"的实践操作

东关小学"怡美课堂"是怡身怡心的课堂，寓教于乐，快乐学习，师生共同沉浸于课堂的美好之中。

"怡美课堂"是超越的课堂、生成的课堂；面向全体学生，关注每一位学生；因材施教，注重每一位学生的成长，发展每一位学生的个性。

"怡美课堂"是饱满、多维、指向提升学生核心素养的课堂。"怡美课堂"尊重学生，体现学生学习主体性地位，让学生在探索交流中获得真知。

"怡美课堂"是丰富的课堂。课堂教学从学生已有知识和经验出发,确保科学性,具有系统性、现实性和趣味性。

"怡美课堂"是立体的课堂。学生在问题情境——合作探究——展示交流——反馈评价的课堂流程中学习。教师在教学中只起到引导点拨、个别指导、协调学习环节的作用,培育学生的问题意识、思维能力、终身学习能力。

"怡美课堂"是灵动的课堂。采用启发式教学,充分发挥学生的潜能。教学中灵活选择不同的教学方式,帮助学生主动建构知识体系,恰当运用多种教学手段及信息技术辅助教学。

(2)"怡美课堂"的评价标准

依据"怡美课堂"内涵,制定东关小学"怡美课堂"教学评价标准如下(见表6-8):

表6-8 "怡美课堂"教学评价标准

评价项目及权重	评价内容及要点	评价等级				
		A	B	C	D	得分
教学目标(0.1)	(1)"三维目标"的制定符合课程标准要求,符合教材的阶段要求和学生的实际水平。					
	(2)教学目标制定的明确、具体、恰当。					
教学内容(0.1)	(1)教学内容从学生已有知识和经验出发,确保科学性,具有系统性、现实性和趣味性。					
	(2)能够准确把握教学内容的重点、难点。					
	(3)适当补充教学资源以支撑学生的学习。					
教学过程(0.3)	(1)教学(思路清晰,结构合理)设计主题明确,教学思路清晰,活动结构合理。					
	(2)创设情境合理,(凸显)体现教学本质,并能激发学生的学习积极性。					
	(3)组织有效的学习活动,使学生在活动中获得充分的体验。					
	(4)遵循学生的认知(规律)和情感需求特点,关注学生的学习差异。					

续表

评价项目及权重	评价内容及要点	评价等级				
		A	B	C	D	得分
教学方法(0.2)	(1) 教学方法具有启发性,充分发挥学生的潜能。					
	(2) 灵活选择不同的教学方式,以利于学生的主动建构。					
	(3) 教学手段运用恰当,注意运用信息技术辅助教学。					
	(4) 信息反馈及时、(全面)有效。					
教师表现(0.1)	(1) 尊重、信任学生,尊重个性差异,关注全体学生的发展。注意激发学生兴趣,引发学生的好奇心。					
	(2) 教学语言准确简练,板书设计合理、书写工整,演示及示范准确到位。					
	(3) 善于设问,善于启发学生提问,及时捕捉教学信息,灵活应变。					
	(4) 评价恰当,具有激励性、过程性、导向性。					
学生表现(0.1)	(1) 学生知识基础扎实,学生对于所学主题具有积极兴趣,能够参与课堂活动。					
	(2) 具有良好的学习习惯。					
	(3) 思维敏捷,善于提出问题,解决问题,具有创新意识。					
	(4) 学习兴趣浓厚,有积极的情感体验和进一步学习的欲望,有积极的学习成就体验和进一步学习兴趣和自信心。					
教学效果(0.1)	(1) 达到预定教学目标。					
	(2) 学生思维活跃,信息交流畅通,通过积极参与互动建构过程,增强了学习兴趣和自信心。					
	(3) 教师的教学设计在付诸课堂实践过程中得到引证和充实。					

续表

评价项目及权重	评价内容及要点	评价等级				
		A	B	C	D	得分
教学特色（加分）	教学过程中某一环节具有独创性，且效果突出。在整体保障质量的前提下，显现出一定的具有独创性的方法、理念，对于改进教学实践具有资源价值。					
简要评语						

2. 建设"怡美学科"，丰富学校课程体系

"怡美教育"以"怡美学科"来推进学校学科特色课程的建设和实施。作为学校"最童年"课程的重要实施路径之一，东关小学"怡美学科"应凸显学校办学特点，力争让每一个学科变得更加丰富而有特色。

（1）"怡美学科"的建设路径

"怡美学科"是学校特色课程，是在国家基础课程之外，教师依据校情学情开发的满足学生个性需求的课程。学校形成的"1＋X"课程群，其中的"1"指的是国家规定的基础课程，"X"指的是教师基于校情学情开发的满足学生个性需求的课程。创建"怡美学科"，学校从两方面入手：一方面是整合；另一方面是重构。教师以整合和重构为主要方式，依据对学科的独特理解、依托独特资源，开发课程，形成特色课程群。东关小学"怡美学科"包括"醇美语文"、"立美数学"、"悦美音乐"、"创美美术"、"趣美棋艺"、"健美体育"、"亮美管乐"共七个课程群。

"醇美语文"课程群。学校"醇美语文"课程群以国家语文课程为核心，引入经典诵读，引入整本书阅读，引入小古文课程，引入丰富的活动，构建多层面的课程群。"醇美语文"课程群将学生引领到美好的语文天地。

"立美数学"课程群。"立美数学"课程即在老师精心创设的有效的学习情景中，激发学生强烈的好奇心，引导学生动手实践、合作交流、自主探究，提

升学生的有序的逻辑思维能力和数学思维品质。我们的基本做法是：立足课堂、校园拓展、放眼社会，引导学生在生活中寻找数学，认识数学，挖掘生活中、教材中的数学问题进行探究，密切学生与生活、学生与社会的联系，提升数学素养。

"悦美音乐"课程群。根据音乐老师自身的特长，结合学生需求，音乐学科开设葫芦丝、尤克里里、竹笛、口风琴、陶笛、汉唐小筝、合唱、流行舞蹈八门课程，音乐课实行长课时，两节课连上，三到六年级的孩子从中选择一门课，进行走班上课。

"创美美术"课程群。美术学科通过筛选、改编、补充、拓展，将现行美术教材进行重新整合，分别开设了儿童水粉画、创意手工、国画书法、线描彩铅画、儿童装饰画、趣味刮画、动漫卡通等7门美术校本课程。美术老师根据不同课程内容，针对不同年级设定不同的教学主题，并把课程内容和学校相应的活动联系在一起，为学生搭建丰富的艺术展示平台。

"趣美棋艺"课程群。棋类活动不但有益身心、易于开展、为广大群众喜爱，而且集文化、科学、艺术、竞技于一体，有利于开发人的智慧，锻炼人的思维，培养人的毅力，增强竞争意识。我校将棋类课程纳入课程体系，在一、二年级开设了围棋、象棋、国际象棋三门棋类课程。孩子们可以从中选择喜欢的课程上课，实行走班上课。为了保证教学质量，实行双班走班，每门课程每次上课人数控制在30人以内。

"健美体育"课程群。"健美体育"课程群以《义务教育体育与健康课程标准(2011年版)》的要求，课程以跑、跳、投以及身体协调性练习为主要手段、让每一个学生都积极地参与到体育活动中来，从一年级开始在课堂上训练学生的核心力量，腿部力量，身体的协调性，培养学生的篮球运动兴趣和技能。随着孩子年级的增高，训练内容随之改变，要求也逐步提高。整个小学阶段学校传统体育项目——篮球，始终贯穿整个体育课程。

(2)"怡美学科"的评价要求

我们根据"怡美学科"的意涵，依据以下评价标准，从以下几个方面对"怡美学科"课程群进行评价：

独特的学科课程哲学。提炼独特的学科理念,形成具有学校特点的学科特色,这是"怡美"学科的核心所在。

基于学科理念的学科建设方案。撰写基于学科理念的学科建设方案是"怡美"学科建设的路径与保障。

丰富的学科课程体系,满足学生个性化需求。丰富的课程内容满足学生的学习兴趣,充实学生的学习生活,丰富学生的学习体验。课程的内容及其框架体系满足学生日益发展的学习需求。

学科课程实施路径多维,扎实开展的学科教学活动。准确的教学目标,丰富的学科课堂教学活动,提升学生综合能力。

高效的学科教研和学科团队建设。常态的教学研究,进行深度的课后反思与学科课程开发实施的评价。

科学先进的学科课程管理与保障。建立学科课程领导组织,形成课程开发实施的激励机制。

3. 创设"怡美社团",发展学生兴趣爱好

社团是中小学生以相同或相近的兴趣、爱好、特长、信念、观点或自身需要为基础,自发形成的一种特殊的学生志愿型群众团体。我校结合学校课程特色,确立社团活动目标、开发社团校本教材、加强社团过程管理、构建社团评价体系。

(1)"怡美社团"的主要类型

"世界小公民"模拟联合国社团课程。通过模拟辩论赛增进学生对当前重大国际热点话题的了解和认识,开拓学生的国际视野,培养国际公民意识。活动内容包括模联辩题,撰写提案,展开辩论赛等。每周活动一次。教师自主研发教材,制定社团管理制度,撰写社团活动记录及评价。

"小小音乐家"音乐类社团课程。在音乐走班课程的学生中选拔优秀人才,进行专项拓展、技能提升训练。为学校培养音乐拔尖人才,为热爱音乐有天赋的学生提供展示自我的平台。学校开设8类音乐社团课。分别是声乐类(合唱社团),器乐类(尤克里里社团、竹笛社团、古筝社团、扬琴社团),舞蹈类(舞蹈社团),每周集训一次。教师自主研发教材,制定社团管理制度,撰写

社团活动记录,完成评价。

"亮美管乐"管乐类社团课程。为提升学生艺术素养,激发学生对艺术的热爱之情,更契合我校的艺术特色,学校管乐团和打击乐团历经多次改革。目前,管乐课程不断趋于成熟,开发了管乐类课程(小号、长号、大号、次中音、圆号、萨克斯、黑管、长笛、大管、双簧管、打击乐)。

"艺术小达人"美术类社团课程。在美术走班课程的学生中选拔优秀人才,进行专项拓展、技能提升训练。拓展学生的艺术活动空间、丰富学生的艺术活动。学校开设"绘画造型技法""儿童水粉画""速写与刮画""创客""马克笔儿童画""国画一班""国画二班"社团课。每周集训一次。教师自主研发教材,制定社团管理制度,撰写社团活动记录及评价。

"体育小健将"健康类社团课程。学校开设了"篮球""田径""跳绳"等社团课程,社团活动与各级各类体育竞赛有效结合,每周集训三次。同时每天开展"阳光大课间""快乐篮球操"等活动,形成"我运动我健康"的课程特色。教师自主研发教材,制定社团管理制度,撰写社团活动记录及评价。

(2)"怡美社团"的评价要求

为了促进社团活动规范运行,我们从社团机构与管理、活动实施情况两个方面开展评价。具体评价办法如下(见表6-9):

表6-9 "怡美社团"的评价标准

项目	"怡美社团"指标	评分	评价方式
社团机构与管理	1. 社团管理体制完善,机构设置合理,制定符合学生实际的社团建设实施方案。	10分	实地调查 资料核实 师生座谈 活动展示
	2. 建立健全并严格执行社团各项规章制度。	10分	
	3. 社团人数适中,规模适度,成员资料档案齐全。	10分	
	4. 指导老师认真负责、重视管理。	10分	
	5. 学生社团要突出学生的主体性和创造性,使学生在社团活动中自治自理、健康发展。	10分	

项目	"怡美社团"指标	评分	评价方式
活动实施情况	6. 社团活动空间固定,环境良好有相应的文化建设。	10分	
	7. 经常和定期开展社团活动,组织有序、纪录完整。	10分	
	8. 社团活动内容丰富,形式多样,体现实践性和综合性,有利于培养和锻炼学生多方面的素质,体现校园文化精神。	10分	
	9. 社团成员或集体活动成果显著。	10分	
	10. 活动取得良好教育效果,在学生中有一定的影响。	10分	

4. 创设"怡美节日",浓郁课程实施氛围

每个孩子都喜欢过节,让孩子们感受节日的快乐与美好,是学校课程的重要内容之一。以节日为依托,将"怡美节日"课程分为传统节日课程、现代节日课程和校园节日课程三类,激发学生参与的兴趣,开展适合学生个性发展的节日主题活动,丰富学生的经历和情感,使学生对节日文化有更深层的认识。

(1)"怡美节日"的课程设计

传统节日课程的开展主要以浓郁校园文化为目的,以中队为单位,中队辅导员为课程的主要组织者。传统节日有春节、清明节、端午节、重阳节、中秋节等。设计针对该节日的活动内容,如书法比赛、主题队会、扫墓等活动。

现代节日课程的开展主要以学生对生活的美好寄托为活动目的,以班级为单位开展活动。现代节日课程主要有妇女节、劳动节、儿童节、教师节、国庆节等,设计针对该节日的活动内容,如"妈妈我爱您"、"劳动最光荣"、"快乐童年"、"老师辛苦了"、"祖国我爱你"等内容,围绕这些内容开展主题班会、歌咏比赛、经典诵读等活动。

校园节日课程则把努力营建校园文化为课程开展目的,大队部为主要组织者,在全校范围内开展。通过校园节日,如读书节、安全节、故事节等校园

节日,来增强学生的仪式感,让学生在精神上寻根,使学生把人文与科学的内涵逐渐转化为精神财富。

(2)"怡美节日"的课程评价

节日赋予生活更丰富的色彩,做好节日课程的有效评价,一定要树立正确的教育观、课程观和发展观,丰富形式,注重实效,从主题、内容、目标、实施、方式五方面分别进行评价。具体实施如下(见表6-10):

表6-10　"怡美节日"课程的评价表

评价指标	评价内容	评价分值
主题	1. 主题具有时代性、针对性、实效性、教育性、科学性。 2. 主题鲜明、立意新颖、寓意深刻。 3. 主题要以发展学生核心素养为根本依据来确定。	15分
内容	1. 目标清晰,有明确的导向性和时代性。 2. 活动要达到学生情感态度价值观的转变。 3. 学生有认识,有感悟,自我教育能力得到增强,能促进学生身心健康,真正使学生成为追求真善美的主题。	15分
目标	1. 突出课程的开放性、趣味性、灵活性原则。 2. 贴近社会现实、贴近学生实际生活、贴近学生身心发展规律。 3. 难易适中,分出层次,突出重点。	15分
实施	1. 设置拓展性、开放性、发散性的,能给以学生思考空间的问题,引导学生体验和感悟。 2. 依据所确定、分解、细化的具体内容选择活动。 3. 因材施教,面向全体,关注学生的个性差异,注重培养学生的实践能力。	40分
方式	1. 新颖、独特、多样,让学生充分展示自我,注重学生感悟体验。 2. 重视活动的群体性,要引导学生合作学习,互帮互助。 3. 创设生动、活泼、有效的课堂氛围,师生互动,生生互动。	15分

5. 推行"怡美之旅",落实研学旅行课程

"怡美之旅"研学旅行课程,旨在落实立德树人根本任务,帮助中小学生

了解国情、热爱祖国、开阔眼界、增长知识,着力提高他们的社会责任感、创新精神和实践能力。

(1)"怡美之旅"的课程设计

"怡美之旅"研学课程从每个年级的学生特点入手,提前对各年级的特点进行调研,制定适合各年级研学的课程内容,而后制定详细的研学方案,并注意研学过程的每个细节。

一、二年级学生因为年龄小,知识水平有限,所以设计简单的研学课程,如接触大自然、了解家乡、热爱读书等方面,具体内容是绿博园"寻找秋天的足迹"、植物园"发现家乡的美丽"、商城遗址"城墙上的家乡"、市图书馆"走进绘本世界"。

三、四年级学生有了一定的认知水平,在研学的知识上、广度上可以稍微增加难度。如:走进文庙、了解动物、探究地质等方面,具体内容是走进文庙"走进身边的文物"、动物主题"走进动物的世界"、省博物馆"了解家乡历史"。

五、六年的学生则有了一定的学习能力,他们的研学内容可以有些难度,甚至可以增加调查报告和调查表格的数据分析。如:了解国防、传承红色基因、了解民族产业等方面,具体内容是"国防知识我了解"、新时代好少年"参观二七纪念馆"、大国重器"参观宇通集团"。

(2)"怡美之旅"的课程评价

评价要基于教育部、国家发改委等部门印发的《关于推进中小学生研学旅行的意见》文件要求,落实教育性、实践性、安全性、公益性原则,同时达到让学生学会动手动脑,学会生存生活,学会做人做事,成为德智体美全面发展的社会主义建设者和接班人的教育目标。

研学课程主题简洁凝练、表述具体、特色鲜明,有针对性和目的性,能呈现研学资源主要特点,突出体现中小学研学实践活动课程的核心价值,学用相长,知行合一。

研学课程目标准确,切合实际,列出通过研学实践和课程实施所要达到的育人效果,明确四个核心目标:知识目标,能力目标,情感态度价值观目标,核心素养目标。

研学课程的内容是核心与关键,应围绕主题和目标,结合自身资源特点,设计出育人价值明确,内容丰富,清晰充实的课程。

根据研学课程设计循序渐进,巩固研学成效,实现较好效果。坚持时效性、科学性原则,合理设置研学课程时间。

课程评价的重要组成部分,要有科学、简便、可操作的评价标准。评价结果可以在适当范围内适当出现,并要运用合理科学。

6. 建设"怡美舞台",丰富艺术教育课程

学校根据"课程展示提素养,辰星闪闪耀舞台"的理念,建设"怡美舞台"课程,丰富艺术教育,培养学生自信勇敢的品质,提升学生全面的艺术素养。

(1)"怡美舞台"的课程设计

学校根据"课程展示提素养,辰星闪闪耀舞台"的理念,建设"怡美舞台",开展"小舞台,大梦想"的系列活动,如"快乐六一"、"诗词大会"、"百家讲坛"、"寻找最会讲故事的人"、"悦动活力篮球操展示"、"新春音乐会"等,为学生展示自己秀出活力和风采提供平台,使学生享受校本课程带来的快乐童年,促进每个学生全面健康发展。

"快乐六一"每年六一前夕进行。学校搭建六一舞台,分为低段、高段两场进行,时间一般在六一节前夕,各班推荐优秀节目,节目主要分为文艺类、戏曲类和语言类。届时会邀请家长代表参与观看。

"诗词大会"每年四、五月份进行。以各年级为单位,语文教研组长是负责人协调组织开展各年级的活动。每个年级要求不一样,难度呈梯度上升。形式大致可分为:必答题、选答题、听意说诗、飞花令等。

"百家讲坛"每年十一月份进行。以各年级为单位,先在各班海选,然后各班推选出三到五名学生,参加年级决赛。活动由各年级语文教研组长负责,学生讲述的内容很宽泛,可以讲历史故事、人文科学、地理常识、科技知识等。

"我的一本课外书之读书英雄会"每年六月份进行。以各年级为单位,先在各班海选,然后各班推选出三到五名学生,参加年级决赛。活动由各年级语文教研组长负责,活动要求学生推荐的课外书要有一定的推

荐价值。

"悦动活力篮球操展示"每年五一左右进行。这个活动要求全员参与,分为低中高三个学段进行比赛,评委由体育老师、家长代表、科任老师担任。

"新春音乐会"每年春季开学进行。四个管乐班参与演出,曲目由管乐老师删选决定,演出地点在东区艺术中心、青少年宫等地方,由当年学校班子商量决定。

(2)"怡美舞台"的课程评价

为使"怡美舞台"更好地彰显学生的个性,突出学校办学特点,让"怡美舞台"课程良性发展,制定课程评价实施办法如下(见表6-11):

表6-11 "怡美舞台"课程评价

评价对象	评价维度	评价内容	评价结果
课程内容	不同课程内容进行不同形式的展示参与评价。	1. 影像资料 2. 调查报告 3. 家校讨论会 4. 手抄报评比	
学生	以交流、激励为目的采用个性化评价形式。通过展示尽可能让学生体验成功。展示时要充分发挥学生的长处。	1. 口语表达 2. 社交沟通 3. 研究思考 4. 自我表现	
展示材料	指导学生采用最优化的展示形式,分为静态展示和动态展示。	1. 一幅绘画作品 2. 一场辩论会 3. 一次口头汇报 4. 一次交流会、宣传会	
教师指导	教师是否积极参与指导,有全面的课程意识。	1. 成果呈现形式 2. 展示方法 3. 时间安排	

7. 聚焦"怡美文化",做实校园隐性课程

"花香时时修人性,绿篱道道筑爱心",校园文化建设的核心是精神文化,最终目的是通过润物细无声的教育,建设和谐校园,让每个学生成人、成才。

校园环境是无形的教育、无字的教科书,是学校的隐性课程,是学校内看得见的文化形态,对校园内每一个成员都起着潜移默化的熏陶和启迪的作用。我们充分挖掘校园环境中的"怡美文化",开发落实校园隐性课程。

(1)"怡美文化"的课程设计

我们从提升学生的心灵品质出发,挖掘校园围墙、廊道、班级等处的资源,开发建设校园隐性课程,让"怡美文化"融入校园的每个角落,让每一寸空间都发挥它的教育价值。同时,用活课程资源,开展丰富多彩的活动。具体内容如下(见表6-12):

表6-12 东关小学"怡美文化"校园隐性课程设计表

类别	课程目标	课程资源	活动设计
围墙	利用校园围墙展示的怡美文化,结合活动开展,让孩子们进一步感受。	悦、乐景观 学校"三风" 校园活动展示栏	认识我们美丽的校园
廊道	将主题与图画结合布置廊道,结合开展相应的活动,让学生把先贤思想嵌入自己的人生轨迹,树立远大志向,不断激励自己在求学路上奋力前行。	学思长廊——墙柱上以图文并茂的形式展现《论语》,横梁上吊牌展示古今中外名人名言 二楼廊道——行为习惯 三楼廊道——经典诵读 四楼廊道——名人名句 五楼廊道——乐理知识	经典诵读会 读书英雄会 我的一本课外书
班级	创设各具特色的班级氛围,开展合适的班级活动,陶冶学生情操,增强班级凝聚力。	特色班徽 学生各类作品秀 板报宣传 好人榜 图书柜	班级大合影 教室环境布置 设计班级口号 评选展示学生各类作品

(2)"怡美文化"的课程评价

我们根据"怡美文化"校园环境课程的意涵,结合"最美班级"的评比活动,设计以下课程评价表。具体内容如下(见表6-13):

表6-13 东关小学"怡美文化"校园隐性课程评价表

评价内容	评价标准	权重分	得分
环境布置	1. 主题鲜明,突出学校文化内涵,陶冶师生情操。	15	
	2. 各栏目(版块)内容更新及时,内容丰富,有时代感。	15	
	3. 墙面(地面)干净整洁,无卫生死角。	10	
	4. 文字内容无错别字。	10	
活动开展	1. 活动主题突出,活动形式新颖,活动效果好。	15	
	2. 教师组织有序,学生积极性高。	15	
	3. 与学科教学、班队会活动有机整合,每月至少开展一次主题活动。	10	
	4. 每学期的展示时,学生解说流利,体现廊道(围墙、班级)特色。	10	
合计得分		100	

8. 确立"怡美主题",实现跨学科项目式学习

我校进行"怡美主题"跨学科项目学习课程建设的基本理念是在培养学生基础知识和基本技能的过程中,强化学生关键能力,落实学生发展的核心素养。从课堂到生活,从学科本质角度,培养学生的实践能力和创新精神,学以致用;从学校到社会,从育人角度出发,基于人的成长需要,重在培养孩子的生活能力和社会适应力,回归真实的生活。

(1)"怡美主题"的项目学习

"怡美主题"项目学习以建构主义理论为指导,以任务为驱动,教师提供学习资源和学习工具,通过创设真实的问题情境——项目,学生开展合作学习,在探究中完成学习任务。创设的真实的问题情境——项目,按学习的需求立项,选题不论大小,学生面对的都是真实而具体并且需要探究的问题,兼具实用性与合作性。学生可以充分利用多媒体和网络等信息技术资源,通过实践体验、自主发现、协商合作、创造想象等多种途径来完成,有利于培养学生的自主性和协作性,提高学生的自主学习、分析和解决问题以及批判性思维的能力。

每学期学校利用暑假组织教师展开理论学习和案例学习。学期中定期召开教学研讨活动,加强交流和学习。以问卷调查和专题调研的形式鼓励家长、学生参与项目的选择、论证与确定。三至六年级每个年级要形成一个活动设计(或案例),引导学生展开实施。学校为项目化学习的实施搭建平台,进行阶段性研讨和展示,形成若干精品项目案例。

(2)"怡美主题"项目式学习评价

项目式学习评价整合学习的过程与结果、使学生在理解知识的同时获得能力、有助于学生个人成长与团队协作能力的发展、提升学生的表现与思维的意义与价值。在评价过程中要求多主体参加、自评与他评相结合、多内容考察、知识与能力并重、实现全过程评价。具体内容如下(见表6-14):

表6-14　"怡美主题"项目式学习评价

评价指标	评价内容	评价分值
主题的选定	以课程标准为核心,选定复杂的、真实的问题探究。	
目标的设定	培养学生的学科知识能力(听、说、读、写能力)和综合能力(学习与创新能力、沟通能力、批判性思维和作品评价能力),训练协调合作、信息化技能等,使学生在项目中学会解决问题。	
方案的设计	依据项目主题与目标,确定、分解、细化具体内容,设计可行性方案。	
过程的参与	组建团队确定成员角色、分工,严守标准并积极参与。关注项目进展并及时解决过程中的问题。	
成果的展示	采取多种形式呈现各阶段成果。	

——摘自《郑州市东关小学课程规划》

除了上述课程实施与评价整合思考之外,东关小学也有作为一种管理手段的评价方式,如:

1. "怡美少年"评价标准

在学校"最童年课程"的实施下,学校对每个年级学生在课程选择方面都提出了要求,努力做到在课程实施过程中对每一名学生有比较全面、客观的评价,以促进学生的个性发展、全面和谐发展为目的。学校主要从德、智、体、美等方面综合评价学生的发展,具体指标应包含以下六个方面:①道德品质。爱祖国、爱人民、爱劳动、爱科学、爱社会主义、遵纪守法、诚实守信、维护公德、关心集体、保护环境。②公民素养。自信、自尊、自强、自律、勤奋、对个人的行为负责、积极参加公益活动、具有社会责任感。③学习能力。有学习的愿望与兴趣,能运用各种学习方式来提高学习水平,有对自己的学习过程和学习结果进行反思的习惯,能够结合所学不同学科的知识运用已有的经验和技能独立分析并解决问题,具有初步的研究与创新能力。④交流与合作。能与他人一起确立目标并努力去实现目标,尊重并理解他人的观点与处境,能评价和约束自己的行为,能综合地运用各种交流和沟通的方法进行合作。⑤运动与健康。热爱体育运动,养成体育锻炼的习惯,具备锻炼健身的能力、一定的运动技能和强健的体魄,形成健康的生活方式。⑥审美与表现。能感受并欣赏生活、自然、艺术和科学中的美,具有健康的审美情趣积极参加艺术活动用多种方式进行艺术表现。

2. "怡美教师"评价标准

学校针对"怡美教师"主要从以下几个指标进行评价:①职业道德。志存高远,爱岗敬业;为人师表,教书育人;严谨笃学,与时俱进;热爱教育事业,热爱学生;积极上进,乐于奉献;公正、诚恳、具有健康心态和团结合作的团队精神。②了解和尊重学生。能全面了解、研究、评价学生;尊重学生,关注个体差异,鼓励全体学生充分参与学习,形成相互激励、教学相长的师生关系,赢得学生信任和尊敬。③教学方案的设计与实施。能依据课程标准的基本要求,确定教学目标,积极利用现代教育技术,选择利用校内外学习资源,设计教学方案,使之适合于学生的经验、兴趣、知识水平、理解能力和其他能力;善于与学生共同创造学习环境,为学习提供讨论、质疑、探究、合作、交流的机会,引导学生创新与实践。④交流与反思。积极、主动与学生、家长、同事、学校领导进行交流和沟通,能对自己的教育观念、教学行为进行反思,并制定改进计划。求真务实,勇于创新,严谨自律,热爱学习。⑤专业成长。教师每人每年制订一份个人发展规划,至少订一份教育刊物、每学期至少读一本教育专著、每月至少写一篇心得或论文、每周至少看一节名师教学视频。

——摘自《郑州市东关小学课程规划》

(三) 课程评价是一个多方协作的过程

课程规划的各个阶段都呈现出参与主体的多元化,评价自然也不例外。几十年前,课程专家塔巴(Taba)就曾指出,评价是一种合作性的活动,合作性对于设计整个评价计划,选择评价模式和方法都是非常必要的。塔巴认为,合作可以让所有人都了解整个课程的情况。比如教师的合作可以把握课程对不同类型的学生的影响。① 因此,在评价过程中,教师、管理者、外部专家、家长、学生需要相互合作,收集各种数据和多方信息,保证课程决策的全面性和客观性。

在当前新的课程评价理论和模式发展过程中,使用者(user)的参与越来越重要,也就是说,教师、学生、家长等潜在的用户参与课程评价的趋势越来越浓厚,只有这些使用者参与了课程评价,评价才有可能发挥对他们的作用。正如以实用为焦点的评价模式(Utilization-focused evaluation)的开发者 Patton 所说,评价的好坏应该由它们的效用和实际的使用来判断,而使用评价的是真实的、关心评价信息的人。教师参与课程评价,不仅可以促进课程方案的改善,还可以促进自身课程开发与实施能力的提升;学生参与课程评价,以学生内在的真实感受为依据,可以提供可靠的信息,以修正方案满足学生的需求;家长参与课程评价,可以作为一种外部力量督促学校的课程变革,了解家长满意度,是否达成家长期望。很多学校不愿意让家长参与到课程评价的过程中,总认为家长不理解学校;而学校课程变革新的做法如果没有家长的支持,很可能成为学校和教师开发研究课程的阻力。事实上,大部分家长还是很愿意配合学校的课程变革行动的。我们曾经在学业竞争非常激烈的江苏省的一所重点高中做过调查,结果

---

① [美]奥恩斯坦.课程:基础、原理和问题[M].南京:江苏教育出版社,2002:368.

98.5%以上的家长都大力支持,这一结果大出学校意外。在随后的课程开发过程中,他们让家长随时了解课程开发的情况,并邀请他们参与到课程实施和评价过程中,对这所学校的课程开发起到了非常关键的作用。

　　当然,学校课程评价中,单一主体的评价很难获得全面、有效的信息,多方主体合作评价中可以有所侧重,但不能有所忽略,参考多方评价信息,才能做出正确的判断。如南京市成贤街小学的课程评价设计中,体现了评价主体多元化的特点(见表6-15)。

表6-15　成贤街小学主题性综合实践活动评价表

姓名:　　　　性别:　　　　年级:　　　　日期:

评价主体	评价内容	描述性评价
家长评价	1. 你的孩子是否同你们讨论过他的活动主题	
	2. 你的孩子对他所参与的活动是否感兴趣	
	3. 你的孩子为这项活动在课外投入时间和精力的程度	
	4. 你对你孩子的成果有什么看法	
	5. 从你的孩子参与这次活动起,你发现有什么变化	
学生自评	1. 你对你选择的活动主题是否一直感兴趣	
	2. 你收集资料、信息的途径有哪些	
	3. 你与其他小组成员合作是否愉快	
	4. 在活动开展中,当遇到困难时,你是怎样克服的	
	5. 你对你的活动成果是否满意	
	6. 你认为应从哪些方面改进你的活动	
教师评价	1. 学生对所选活动主题的兴趣是否持久	
	2. 学生获取信息的多样性与合理性	
	3. 小组成员能否进行有效的合作与分工	
	4. 学生主动请教老师的次数	
	5. 活动成果是否实现预定的目标	
	6. 学生是否有独创性的意见	

——摘自《南京市成贤街小学课程规划》

从上表中可以看出,学校对学生的评价已经不是单向的教师评价学生,评价的主体已经非常多元,包括教师、家长、学生本人以及学生之间多向交流互动。多元化的主体,带来了多元化的评价指标,不同的主体评价的是不同的指标:从学生的学习态度到学习水平,从创新精神到实践能力,从知识观到价值观,不同学生有不同的发展方面,这样就形成了一个完整而立体的"人"的评价。同时,学生家长共同参与分析与评估的过程,也促进了学生主动参与,自我反思、自我发展。

第七章   学校课程管理保障

学校课程管理是学校及其相关人员行使课程权力并履行课程责任的过程。学校课程管理要从单向执行转向主体建构,从单一的教学管理转向系统的课程管理,从行政主导走向服务与支持。严格的监管机制和有力的后续支持机制组成了课程管理"程序文明"的两翼。有效的学校课程管理是分布式的,是正式组织与非正式组织,管理人员与教师,内部力量与外部力量协同并进、互为补充的。

学校课程管理是学校及其相关人员行使课程权力并履行课程责任的过程,是建立一种学校课程开发与实施的"程序文明"①,在这种程序文明中,组织、制度、专业支持、资源等各方面合理调配,共同为课程规划提供坚实的保障。只有当组织机构、管理体系、内在激励机制协同发生变化,课程规划才有可能持续深入。没有卓有成效的课程管理,学校的课程运作就会丧失运作的机能,任何美好的课程设想都难以成为真实的学校实践。

一、学校课程管理的多重转变

课程管理是课程论研究的重要课题,课程目标的确定,课程计划的制定、实施和评价等都与课程管理密切相关。有完美的课程管理才有理想的课程实施。从目前上海

---

① 郭元祥.学校课程制度及其生成[J].教育研究,2007(2):77-82.

市的学校课程体系设置来看,课程的形态丰富多样,实施的方式也都各有千秋。既有政府规定的基础课程,也有学校自主开发的选修课程;既有学术课程,也有综合性很强的整合课程;学生可以自己选择课题,独立解决问题,也可以组成小组,邀请教师,形成研究团队。这些多样的课程形态和实施方式都要求学校的课程管理实现特征、内容与取向的多重转变。

(一) 学校课程管理的内涵:人、物、课程之间的关系

学校课程管理不同于宏观意义上课程管理的概念,是在强调学校课程自主权基础上的探讨。从本质上看,学校课程管理是在一定的学校背景下,依据一定的管理原则与方法,有领导、有组织地协调人、物、课程之间的关系,以实现一定课程系统预期目标的活动。可见,学校课程管理活动涉及三个基本要素,即人、物、课程,协调这三者的关系也是课程管理的基本内容,主要包含以下几层含义。

其一,学校课程管理是在一定的学校条件下进行的。学校课程管理活动是具有校本性的,总是要受到学校实际条件的制约,随着学校条件的变化,课程管理行为也要有相应的调整,才能使课程管理顺利运作。每一所学校都有独特的生态环境,包括自然生态、文化生态和组织生态,不同的生态环境提供了不同的条件和资源,学校课程管理的目的在于基于学校的独特背景,充分利用已有的资源促进本校课程的有效实施。

其二,学校课程管理涉及多元主体。学校课程管理活动不仅是学校领导的行为,在"人的因素"中就包含课程决策者、课程设计者、课程实施者及其他相关人员,因此,学校课程管理主体包括校长、教育行政人员、教师、学生、家长、社区代表等,他们都可以根据自身需求参与课程管理过程。

其三,学校课程管理涉及整个课程发展历程。学校课程管理不是课程发展某一个阶段的活动,而是贯穿于课程发展的始终,从课程愿景的构建、课程目标的厘定、课程内容设计、课程实施到课程评价等各个环节都需要课程管理,每一个阶段都有相应主体的课程管理行为,保证每一环节的顺利进行,形成一整套课程管理机制。

其四,学校课程管理是对课程相关要素的安排。课程相关要素既包括课程本身的要素,也包括影响课程发展的要素,课程本身要素指学校课程类型、课程结构、课程体系;影响课程发展的因素如"物的因素",仪器设备、活动场地、图书资料等,其他课程发

展的资源。将学校课程资源进行合理配备和安排,满足课程发展的资源需求。

其五,学校课程管理定位于学校整体课程的发展。学校课程管理活动涉及每一环节的课程决定,为学校课程的全程运作提供资源与保障。同时,以学校课程自身的发展带动学校教学、组织、文化的发展,促进学校整体的变革。

例如,南昌市百花洲小学的课程管理从价值引领到组织建设,从制度建构到评价引导,比较好地体现了人、物以及课程运作之间的关系:

1. 价值引领

"百花园课程"秉承"百花洲上百花开"的课程理念,围绕着"建设家、校、社和谐合作生态园,培养规正尚美、知行合一社会人"的办学目标,立志通过建设"立体、全面、丰富"的课程群,为学生搭建可供学习、体验、实践的多种成长平台,深入实施素质教育,最终实现"让百小花态园里每一朵都能如其所是地绽放"这一办学愿景。

2. 组织建设

学校成立以校长为组长,业务领导、学科骨干教师为组员的课程领导小组。课程领导小组既是百花园课程建设的组织领导者,又是百花园课程建设的实施者和引路人,要通过带头学习先进理念,定期召开课程建设研讨会交流课程研发实施心得经验;组织带领教师外出学习,开展校内实践课程建设品质,同时组建以区督学及各学科中心组长为成员的"百花园课程"管理实施小组,一是对领导小组成员目标责任达成情况实施监督、评定,提出整改目录单,二是不断反馈修正课程实施情况,确保百花园课程有条不紊推行下去。

3. 制度建设

为了保障学校课程建设扎实有效地实施,在"百花园课程"的研发与实施守程中,建立健全以下五项基本制度:

一是审议制度。教师提出课程申请,向"课程领导小组"提交课程方案。学校"课程领导小组"对其可行性进行评议,然后作出回复。

二是考核制度。将"每位教师至少开发或参与一门校本课程开发和实施"作为学校绩效考核的内容之一,将教师课程开发和课程实施情况与绩效工资挂钩。

三是课程成果展示制度。每学年开展一次学生校本课程成果展示活动,展示学生们在校本课程中的收获、体验和成长。

四是最受欢迎"百花课堂""百花学科"评选制度。从课程方案评审、教师指导过程记录表、学生成果展示效果、学年反思性总结等六个指标对课程一学年的开展情况进行整体评价。

五是推广制度。定期评选优秀课程,通过"百花论坛""百花园"校报加以推广。

4. 评价导航

学校鼓励教师积极寻求教学方式和评价方式的创新,在评价过程中积极尝试档案袋评价、表现评价、访谈、信息留言等多种方式;定期对各门课程的教学质量进行评议和审议,以改进学校课程的品质。评价主要参照教师的自我评价和同行评议,同时参照学生的课程满意度调查和学生家长的课程反馈意见,使课程评价更为科学、规范。

选课平台和问卷调查。在"百花园课程"实施的全过程,老师们基于课程整合的理念,发挥自身特长开发相应的拓展性课程,学生们则利用选课平台选择自己最感兴趣的课程,以走班上课的方式学习。课后,学校通过问卷调查的形式了解学生对哪些学科最感兴趣,以此对"百花园课程"形成评价与判断。

个案分析提高策略。课程实施过程中,教师运用文字记录、视频、音频等方式来收集与课程相关的资料;在问卷调查之后,课程开发组的老师们对相应的文字以及数据进行分析、比较,并形成案例,找出问题的症结所在,从中寻求提升策略。

信息平台课后留言。课程实施效果如何? 学生才最有发言权,可将"钉钉"、微信群、QQ群等家校联系方式作为信息平台,通过课后留言等方式来了解学生在"百花园"课程中的学习状态及需求,以便及时调整课程。

展示成果推动成长。在"百花园课程"中,师生学习的成果要看得见,展示是必不可少的。学校采用墙报展示、汇报演出、举行"我们的聚会大不同"等多种方式,展示孩子们的学习成果,并通过网络、广播电视等多种方式对百花园课程的实施进行深度报道,以推动师生共同成长。

同时,学校结合办学特色和"百花教育"之哲学,积极构建师生"绽放光芒"评价体系,按照学校校徽花图案上的五个颜色(绿、蓝、粉、橙、金)形成"五度绽放"评价维度,唤醒学生向上成长的本心,激励教师向前发展的需求。

——摘自《南昌市百花洲小学课程规划》

总体而言,人、物、课程之间的协调关系在于,学校理解自身的课程管理角色与职能,通过人员权责统一、资源合理配置等设计,使课程适应于学生的发展,建立起良性的学校课程管理运行机制。

(二)学校课程管理的特征:从单向执行向主体建构转变

传统的学校课程管理以理性主义为基础,体现的是科层体制下学校单向、机械执行的特征,这种单一、静止的课程观,使学校和教师成为了忠实的执行者,却失去了自身的创造性,严重阻碍了学校课程的发展。新课程观指出,课程本身具有不确定性、非线性和复杂性;学校课程管理过程不是一个简单的、封闭的线性运行过程,而是一个开放的、循环的、螺旋式上升的运行系统,这就要求学校课程管理行为从追求技术理性向追求实践理性和解放理性转变,从外部控制向主体建构转变。[1]

作为一个动态变化的过程,学校课程管理不是为学校或者教师在课程建设和实施中提供一个普适性的方案,而要考虑学校之间的异质性,考虑具体的课程实践情境。学校或者教师作为主体建构者,体现在课程管理的核心系统中,即在课程建设过程中,学校不仅要执行国家课程方案,还要提供有利条件,鼓励教师自主开发校本课程,使课程开发流程形成一个畅通的网络。教师要以具体的学校情境为依据,不断调整和丰富学校的课程体系,主动建构学校课程愿景、目标、内容等,完善学校的课程规划。在课程实施过程中,学校以预先设计的课程方案为依据,通过不断地反思、批判和调整,提

---

① 周海银.学校课程管理运作过程[D].济南,山东人民出版社,2009:7.

供人员、组织、资源保障,在各种矛盾和冲突中寻找平衡点,主动建构课程实施的新路径与新方法,保证课程方案的校本化实施。在资源的调配中,学校课程管理的各个环节所需要的资源多种多样,有些资源是现有的,有些资源还有待挖掘。学校作为主体建构者,不仅要善于利用已有的资源,还要开发、重组、改造潜在的资源,使各种资源为己所用,充分凸显学校发展的特色。

(三) 学校课程管理的内容:从单维向多维转变

一直以来,学校管理人员的核心职责和任务是教学管理,中小学校所实施的课程管理基本上仍然套用教学管理的模式,学校的管理人员很擅长细致的教学管理,但在课程管理方面却缺少应有的专业训练,缺乏课程理论知识与实践经验,课程管理队伍薄弱,也没有专门的课程管理运作机构。教学管理只牵涉到教师的教学设计、教学过程和教学行为,但课程管理却是对整个课程系统运行的规范。可见,教学管理并不等于课程管理,教学管理仅是课程管理的一个方面,学校课程管理的内容要从单维向多维转变。

学校的课程管理要在职责上拓宽范围,从原有的对教学管理的过度关注中解放出来,从过去的"大教学观"(教学包括课程)转向"大课程观"(课程包括教学),更加关注整个课程运作过程的管理。从国家的第八次课程改革和上海的二期课改以来,就有一系列的研究关注学校课程管理的嬗变,对学校课程管理究竟应该包含哪些内容众说纷纭。概括地说,学校课程管理的内容可以从多个维度进行归纳。从课程发展的历程来看,课程管理包括对课程愿景、课程计划、课程实施、课程评价的管理;从课程类型来看,包括对国家课程、地方课程和校本课程的管理;从课程本身的层次来看,包括学校层面课程管理、教师层面课程管理和学生经验层面的课程管理。

我们认为,学校课程管理可以有具体的管理方式。如"对标管理",也就是对照国家有关课程政策文件,确保课程政策与课程标准落实的严肃性,充实有特色的校本课程,体现学校的办学特色。又如"赋权管理",也就是赋予学生享有必要的课程管理的权利,创造机会使得学生能够在一定的范围与程度内参与课程决策与教学活动。再如"行动研究",它也可以是一种课程管理方法,也就是为教师开发课程提供适当的培训,推动教师开展行动研究,提升课程品质等。

当然,这只是学校课程管理的冰山一角,学校应该根据自己的实际情况制订更为详尽的课程管理方案。值得注意的是,学校的课程管理应该是一个系统的工程。学校一级的课程管理是学校根据上级教育行政部门的规定,结合本校的实际情况,对学校实施的所有课程进行管理,而不是针对某一类课程。有些学校在课程管理过程将各类课程看作是单一而独立的因素,有些只关注拓展型课程和研究型课程等新型课程,有些只关注能产生成绩的基础型课程,这两种认识都是有偏差的。此外,课程管理也不是针对某一个课程发展阶段,有些学校将课程管理的重点放在了开发阶段和实施初期,忽视了在课程持续深入的推动中需要专业支持、课程资源等配套支持,这也是有失偏颇的。

如,南京市中央路小学制定了"全程课程管理体系",从课程计划的研制到反思都有相应的管理要求与行动。

(1) 研制课程规划:整体优化,价值调适

学校"点线面课程"规划基于"快乐学习,自能发展"的办学理念,从儿童的多元智能出发,统整国家课程与校本课程、社会需求和学生需求、学科课程和拓展课程、校内资源和校外资源、优势课程和精品课程,使众课程之间相辅相成、相得益彰。

(2) 实施课程设计:明确方向,广泛对话

课程设计要将学生需求与教师专长有机结合,每个学校的成员都可以为课程问题的解决和课程品质的提升贡献自己的智慧。专家、骨干教师、学生代表、家长代表都应该是课程设计参与者,他们都有不可替代的重要作用。

(3) 组织课程审议:多元协商,和衷共济

学校成立由多方主体和专家共同组成的20人课程审议委员会,负责推进学校整体课程建设与评估工作,探索学校课程管理的相关制度的构建与运作。

(4) 着力课程实施:优化资源,保证质量

成立校本课程领导小组、国家课程质量领导小组,优化各项资源,如课程共同体的建构、学习环境的管理、课程辅助人员的管理、学习资源的管理。

（5）关注课程评估：重视反馈，形成结论

成立学校课程评估工作组，主要任务是：建构素质教育课程评价体系；建立促进学生素质全面发展的评价体系；建立促进教师不断提高的评价体系；建立促进各项课程不断发展的评价体系；研发评价工具；实施评价行动；形成学校评价结果并公布评价结果。要透过资料、数据发现课程实施满意度和参与度、个人成长和学业水平的实际情况。

（6）启动课程慎思：反思调整，寻求完善

课程慎思至少包括四个重要的内容：第一，学校课程计划中，哪些目标达到了？有什么证据证明这个目标达到了？第二，学校课程计划中课程门类的组合是否最优化？是否有利于促进学生素质的全面发展？从哪些角度可以搜集证据证明？第三，学校相关课程的课时安排是否恰当，它的投入与产出是否具有效益？如何证明？第四，课程质量受到哪些因素的制约，有哪些克服困难的途径等等。

——摘自《南京市中央路小学学校课程规划》

（四）学校课程管理的取向：从行政管理向服务引领转变

就功能来说，既往的学校课程管理一直偏向琐碎、严苛、自上而下的行政管理，管理方式以扣分、惩罚为主，过于细化。学校中的"长官意志"和"官本位"的思想浓厚，管理者成为权威的象征，而教师处于从属和被动的地位，课程管理者与教师之间是一种严格的上下级关系，管理者是发出指令者，教师只是执行者。教师的一言一行都受到严密的监控，专业自主性很难得到充分的发挥。课程管理过分依赖行政管理手段和行政权力，消解了课程管理的功效，在这种课程管理文化下，管理者不愿听取教师的建议，教师也习惯于服从而失去主动提出建议的意识，管理者与教师之间很难形成平等对话和专业协商的关系。

真正的课程管理是专业管理，而不是行政管理，要求学校课程管理从取向上加以转变。这种"专业管理"表现在，一方面，管理者要增强引领、服务意识，从组织、专业支持、资源、文化等不同方面进行引领、服务：在组织上，调整现有的组织结构和规章程序，为推动教师实施课程改革提供制度保障；在专业支持上，满足教师专业发展的需要,提供具体、及时的培训,使其明确专业发展方向,给予教师参与开发课程的机会;在资源上,根据课程标准的要求,充分合理的资源配置,为教师提供与改革理念匹配的课程资料,并组织教师广泛地利用本校和社区的课程资源;在文化上,更新那些与变革理念不匹配的文化规范和价值观念,为教师提供宽松有利的学校文化环境。另一方面,学校领导与教师都是课程管理主体的一部分,都具有参与课程事务的权利,教师不仅是技术人员,更是专业人员,在课程建设过程中,提升二者的课程管理意识,增强其课程开发与实施能力,有利于提高学校课程管理的专业性。

上海市江宁学校的管理流程比较充分地体现了这一点。

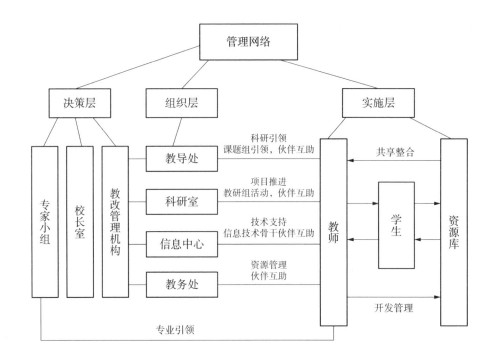

图 7-1 上海市江宁学校课程管理图

——摘自《上海市江宁学校课程规划》

在江宁学校的管理图中,教导处、科研室、信息中心、教务处改变了传统的自上而下的行政管理模式,更多采用引领、互助、支持的方式,联结决策层、教师、学生。这种课程管理减少了对行政手段的依赖,更多地倾向于通过学术型的领导履行课程管理职责,同时特别强调依靠教师的专业能力及其创造力提高学校课程管理成效。

二、建立压力与支持并重的机制

课程管理是一种平衡的艺术,同时需要良好的监管机制和支持机制。监管机制只有辅之以支持机制才能最有效的发挥作用,只有压力没有支持会让教师和管理人员产生变革中的不安全感和无力感,只有支持而没有压力则会让教师怠惰。

(一) 建立严格的监管机制

课程管理需要建立严格的监管和跟进机制,这首先是由于效率的因素。[①] 学校投入大量的时间与财力制订的课程规划,需要有效的落实;课程规划的制定也是学校课程变革的"前奏",没有相应的监管机制很容易导致课程规划成为"一纸空文",课程变革成为"口号",教师依旧"我行我素",根据过去的经验实施课程。严格的监管才能保证课程规划的顺利推进,避免实践与规划过大的"落差",这种外在的压力某种意义上说,也是一种激励,尤其是在教师实施拓展型、研究型课程等新型课程时,往往会因为不熟悉而产生畏惧感,如果缺乏来自学校的有力监督,课程实施的质量将难以得到保证。

课程监管机制的建立涉及课程开发与实施等多个环节,学校对每一个阶段的课程建设行为都制定明确的要求与标准,教师可以充分了解到自身课程开发或者实施所要达到的目标,课程的监管与跟进可以让教师及时了解自身行为效果与目标之间的差距,该从哪些方面加以改进。这些反馈信息,有利于提升教师课程开发与实施的反思意识与能力,在循环改进中保证课程建设的效率与效益,使课程改革在每一个环节都能最大限度地达成目标。

---

① 蔡清田.学校整体课程经营——学校课程发展的永续经营[M].台湾:五南图书出版公司,2002: 187.

如南京市第十三中学红山校区则对学校探究型课程的开发与实施提出了明确的要求。

探究型课程管理遵循以下流程：

① 教学管理：根据教务处制定的教学常规要求，探究型课程的任课教师在每学期开学前须写出教学目标、教学计划，对学生的整个学习阶段有一个整体规划，在学期结束时应上交总结至教务处。

② 过程管理：要求任课教师及时候课，做好各项准备工作。过程性评价与终结性评价相结合，应有学生成绩记录或作品成果情况记录，并在期末上报年级组长及教务处。

每门课程做到"五有"：有清晰的课程目标，有细致的实施要求，有科学的内容设计，有合理的课程评价，有一份课程选修资讯。

③ 组织安排：教务处统一管理所有课程的相关工作，每学期抽查和定期检查教师的教案，平时加强巡视和组织听课评课。

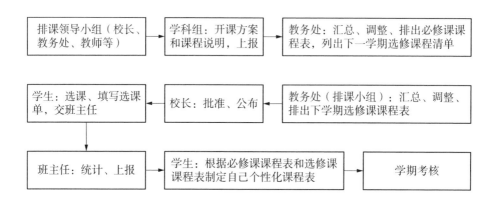

图 7-2　探究型课程管理流程

——摘自《南京市第十三中学红山校区整体课程规划》

值得注意的是,学校在实施严格监管过程中,要相信教师的专业,要努力克服把教师置于管理对立面的倾向,鼓励教师根据学生、班级特点进行课程开发。

(二) 建立全面的人员支持机制

课程管理中另一股不可或缺的力量是人员支持机制的建立。课程管理既是一项人为的活动,也是一项为人的活动,课程管理活动离不开人员支持,也关注着人的发展。

课程规划是一个新兴问题,必然要求相关人员具有比较专业的课程管理素养。其一,学校领导团队应拥有深厚的课程专业知识和课程领导能力。学校能不能作出适合于本校的课程规划,根本上取决于学校领导团队,特别是校长的课程专业知识背景和课程领导能力。[①] 其二,为保证课程管理的专业性,需要有专家引领。专家学者是课程建设与实施的智囊团,在决策层面是"思想库",在实施层面起着"谋划"的作用。其三,教师是课程开发与实施的主体力量,需要教师的课程开发主动意识、积极参与的意识与热情、课程专业知识与建设能力等。因此,对校长、中层管理人员、教研组长、教师的持续有效的专业培训,是非常重要的;尤其是教师培训,可以采取集体学习与讨论、专家讲座、教师外派学习、名师示范等形式与策略。有时即使是负责课程开发的教导处、课程与教学处的负责人对课程改革知之甚少,而没有他们的身体力行,学校的课程规划很难真正落实。

从当前学校制定的课程规划来看,对课程管理人员的课程开发和管理素养的提升认识得还不够到位。这些人员应该是联结课程理论和实践的桥梁,既是某些学科的领导,又要具有行政管理能力;既要熟悉学科知识,又能够协助校长指导课程和教学工作;同时这些人员还要熟悉中小学学生的心理和智力发展,协助班主任和相关的老师对学生进行选课的指导。可见,对课程管理人员各方面素养的培养体系还有待于进一步完善。

如南京师范大学附属小学在课程建设的跟进措施中就特别强调人员的支持。

---

① 崔允漷.学校课程规划的内涵与实践[J].上海教育科研,2005(8):4-6+20.

（1）加强教师的校本研修

"爱的三原色"课程开发的主体是教师，因此，首先应该着力于教师的校本培训。通过培训，让所有的老师都要明确课程理念和操作要领，鼓励老师们的积极参与和大胆实践。从而在实践中逐步逼近课程核心、增强课程开发能力，保证课程开发与实施的顺利进行。

（2）充分发挥整体参与的团队优势

整体谋划"爱的三原色"课程的设置，促进教职工的广泛参与。利用学校班级多、教师多、平行班级多的特点，发挥大兵团作战的优势，整体参与，重点突破，多层发展，保证质量。

（3）坚持"理念统摄，个案支撑，模式建构"操作思路

课程开发过程中，我们将采取了"自下而上"、"适度引导"的研究思路，充分发挥试验教师的主体性。学校引导他们围绕"爱的三原色"课程的理念，教师自主参与到活动内容、方案设计、活动过程、案例编写等过程中，再进行汇总与建构，最后形成操作性强、实效性高的教材蓝本，并在逐步的使用、修订中完善和提高。

（4）积极争取上级教科研部门的支持

"爱的三原色"课程开发与实施与学校的整体发展紧密相连，在课程开发过程中，最重要的是将课程的理念落到实践之中。为此，我们将争取上级教科研部门更多的支持，使得课程开发和实施规范、科学，落实到位。

——摘自《南京师范大学附属小学课程规划》

此外，有条件的学校还应建立课程资源管理数据库，以合适的方式归类管理，充分挖掘各种资源潜能。[1] 充分吸纳教师的实践智慧，实现学校内的知识积淀与传播，实现课程资源的优化组合和使用效益的最大化。

---

[1] 张相学.学校课程管理内容观的反思与变革[J].教育理论与实践,2007(11)：8-10.

（三）建立完善的制度支持机制

学校课程管理需要有相应的制度支持。学校课程管理制度具有着对课程利益相关者的普遍约束力,是课程建设和实施过程中得到普遍认同的规则,规范着课程管理主体的行为,使课程管理有序进行。

学校课程管理制度有着丰富的内容,从课程开发、课程实施到课程评价都有相应的制度保障,使各环节有效衔接,形成一个完整的课程管理网络。课程开发制度包含校本培训、校本教研、课程开发流程、课程调研、课程申报审批、课程方案拟定等内容,功能在于使教师具备相应的课程开发能力,使课程开发行为规范化,保证课程开发的质量等。课程实施制度包含资源的配备、备课管理、课堂教学管理等内容,功能在于使课程实施不仅是个人行为,且是集体研讨的结果,同时为课堂教学提供资源和环境保证,使课堂教学有效进行。课程评价制度则包含对学生、教师、课程方案本身的评价等内容,保证课程评价内容的全面性、课程评价目标和方法的合理性。学校课程管理各方面制度的制定目的在于使课程发展的各环节职责到人,在每一阶段各司其职,从而使课程管理活动系统开展。

课程管理制度的制定一直以来都被认为是学校领导层的"专利",在制度下的成员往往感受到的是只是一种外在的压力,缺少内在的动机。学校课程管理制度要发挥应有的功效,还需要课程利益相关主体参与制度的制定过程,参与的形式是多样的,可以是直接参与,也可以是间接参与,如网络、调查、访谈等,充分考虑他们的建议,使制定的规则成为他们共同的内在需求,减少制度推行的阻力,避免制度与行为分离的局面。

当然,学校课程管理过程中的制度实施也要坚持"守经求权"。"经"是指学校成员共同制定的规章、规则,"权"是指在制度推行过程中根据实际情景的应变。制度的保障功能,一方面是坚持管理的原则性,使课程管理严密规范;另一方面是在不同环节,根据具体的情境和要求做出相应的调整,保持行为的变通性,使课程管理具有一定的灵活性,也使课程管理制度得以不断完善。

如,上海市瑞金二路小学在"磁性课程"的建设中,形成了"磁性课程"有效落实的相关支持性制度,如课程委员会制度、校本课程开发制度、校本教研制度、课程资

源管理制度、课程评价制度等。在课程开发方面,制定了详细的课程申报和审议流程:

第一步:确定课程。通过组内讨论,确定下个学期开设的课程;

第二步:申报课程。开学前一周,教师向学校申报开设校本课程;

第三步:初审课程。学校课程开发领导小组组织课程审评人员对课程进行初审,将通过初审后的校本课程编撰成菜单,以供学生选择;

第四步:选择课程。学校课程开发领导小组公布初评通过的课程及教师名单,向学生提供菜单清单,指导学生选择校本课程。学生自愿选择校本课程,填报意向表;

第五步:开授课程。教导处依据学生的选课情况,确定开设校本课程的科目和任课教师,安排教室,确定开课时间,形成《探究课课程表》,通知教师开课。学生根课表按时参加学习;

第六步:评价课程。教导处对教师和学生分别进行过程性和终结性评价;

第七步:反思课程。每学期或学段结束,开课教师要对自己开课的情况进行反思,提交校本课程文本和总结材料。

——摘自《上海市瑞金二路小学课程规划》

(四) 建立强有力的组织保障机制

学校课程管理不仅要有人员、制度的支持,还要有组织的保障。学校组织的建立与再造,可以凝聚学校成员的力量,提高课程管理的行动效率,为课程管理提供一个新的环境和氛围,改变学校成员的整体精神风貌。

学校组织的建立是指为确保课程建设扎实、有效开展,需要建立直接统筹课程发展工作的组织,如课程发展委员会或者课程开发领导小组,其成员包括校内的学生、教师、各部门负责人、校长等,校外的家长代表、社区代表等,全面组织和领导学校的课程开发工作。职责在于,组织广大教师积极参与课程开发、开展课程审议、确定课程内容、对教师的课程开发工作进行协调、聆听多主体的建议、在多元课程需求中寻求平衡等。课程发展委员会或者课程开发领导小组处于课程管理系统的最高层,是具有决策权和对整个管理系统负有最终责任的领导者,对课程的开发建设从总体上予以把关,其主要任务是通过民主、科学决策,确定课程管理目标,选择决定实现目标的某种方案。

学校整体组织的改造也是课程管理保障的重要内容,西奥多·R·赛泽(Theodpre R. Sizer)指出"如果不对那些称作学校的地方作根本上的内部改造,真正的进步就是天方夜谭"。[①] 学校组织的再造可以从两个方面着手进行。其一,学校由"科层组织"向"学习型组织"的转变。"科层组织"下的学校以行政命令推行课程管理,课程政策、课程开发与实施在权威压力下展开,缺乏主动性。"学习型组织"的建立为学校课程管理提供了良好的人际关系;学校成员内部形成自我学习机制,课程管理逐渐专业化;同时学校以"团队学习"的形式提高教师的课程开发与实施能力,集体探讨课程管理中存在的问题,通过系统思考实现课程管理的创新。其二,学校组织文化的重建。学校组织文化是学校成员所持有的价值观念体系、行为规范体系以及校园环境等物质风貌体系,其重建要经过一个长期的过程,但也直接影响着学校课程管理主体的思想与行动。学校组织文化在课程建设中逐渐凝练而成,学校课程体系的建立带动着学校组织文化主题的形成,课程发展过程中学校成员的观念和行为积淀构成了学校组织文化的内容。组织文化的重建深化着学校成员对课程内涵的理解,激励着课程的开发与实施,为学校课程管理提供了强大的精神动力和长远目标导向。

如,南京市科利华中学为规范课程管理行为,发挥教师参与课程管理的作用,成立了"学校课程建设研究小组"。

由校长、教务处主任、教科室主任、德育处主任及教研组长、年级组长与教师的代表组成;在校长室直接领导,负责学校课程构建的建设、课程的开

---

① [美]古德莱德. 一个称作学校的地方[M]. 苏智新译. 上海: 华东师范大学出版社,2006:8.

发、课程管理与评价等有关学校课程教材改革方面规划、设计和研究实施等工作。学校依托课改研究基地的学校优势,聘请有关课程与教学专家为顾问参加重大项目的咨询与研讨;在学校课程管理与评价中根据需要邀请部分学生代表参加。

学校课程管理架构如图 7-3:

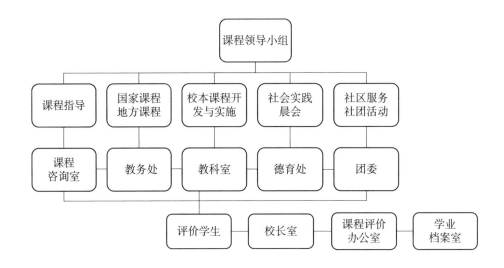

图7-3　学校课程管理架构图

注:课程领导小组负责课程的具体落实指导、协调、汇总,进行资源的整合。

——摘自《南京市科利华中学课程规划》

三、从独揽式走向分布式课程管理

在很多学校,课程和教学管理都是教务处的事情,一人一室独揽课程管理是常有的事。在进行全校性的课程开发时,不仅各部门的工作难以协调,也难以产生民主而合理的决策,同时这种一人一室独揽的局面还客观上开脱了校长、一般教师作为课程和教学领导的职责。分布式(distributed)的课程管理体系,则将课程计划的制定、新课程的开发以及学校课程的统整等的权利与职责赋予学校各级管理人员、教师和学生,由全校成员共同协商决定。

(一)分布式课程管理体系需要正式组织和非正式组织的相得益彰

很长一段时间以来,学校一直是教务处、科研处等正式组织机构的天下,随着课程改革的实施与推进,这些正式组织往往难以承担课程开发和管理的专业职责,常因聚焦于教学管理或者其他日常管理,忽略课程管理或者将课程管理的职责互相推诿。为使课程管理得以真正落实,职责到位,很多学校设立了"学校课程开发工作组"、"学校课程评估委员会"等非正式的专业组织作为补充。这些非正式的组织依托于现有的正式组织,能够比较灵活地依据项目、问题的需要而随时成立,能够脱离日常事务的牵制,专注于课程事务的管理;一般采用会议的方式,对出现的问题能给予及时有效的回应,确实起到了非常好的补充作用。

如在南京市第九中学弘光分校的课程管理体系建设中,成立了"学校课程建设管理实施与研究小组",组长是校长,组员是学校校级领导、中层干部、骨干教师,顾问是聘请的有关专家。

在这个小组领导下,教务处、教研室、德育处、各年级组、教研组、备课组直至每位教师按要求落实负责学校课程的建设、课程的开发、课程管理与实施等工作。基础型课程的管理与实施主要由教务处执行,由各教研组、备课组落实。拓展型课程中的科学及人文校本课程的开发与管理主要由教务处执行,由相关的教师各人、项目组落实。活动课程的开发与管理主要由德育室与少先队执行,由年级组、班队落实。具体如图7-4所示:

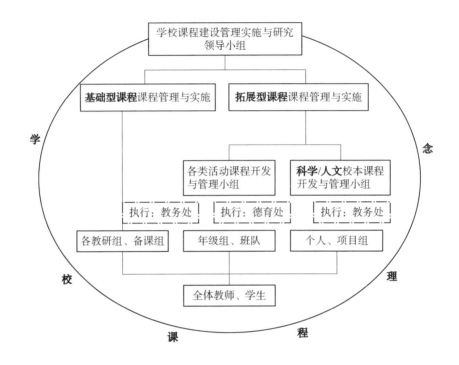

图 7-4 学校课程管理体系图

——摘自《南京市第九中学弘光分校课程规划》

在组建这些非正式的专业组织时,有几个问题是值得注意的:第一,组成人员的多样性。不仅要涵盖原有的正式组织的成员,还要包含以往被排除在正式组织之外的一般教师、学生、家长、社区人员等;第二,问题解决的机制。非正式组织并不是行政组织,而是旨在解决课程管理中的重要问题,因此,建立一种基于问题解决的专业机制,保证平等的倾听和意见的交流是非常重要的;第三,制度的健全。当前很多学校虽然成立了相关的组织机构,制定了一系列的申报、审议机制,但是这些组织和机制往往有名无实。

(二) 分布式课程管理体系应能最大限度激发教师行使课程领导权

一直以来,教师作为课程管理的对象,受到严密的监控,他们的课程权力得不到保障,而随着当前学校课程规划工作的深入进行,需要教师成为课程管理的主动者,在制定课程计划、编制具体课程中发挥更为重要的作用。

分布式课程管理赋予教师课程领导权,教师成为课程管理的真正主体,具有课程开发的意识与能力,对学校课程建设主动提出意见和建议,对自身的课程开发与实施具有一定的决策权;同时学校鼓励教师提出课程开发与实施的创意,支持教师的创新性实践,并为教师的课程建设行为提供资源支持。教师在行使课程领导权的过程中,可以针对课程实施中存在的问题展开行动研究,在实际工作中进行,有专家学者的协助,研究成果为自己理解与应用,研究既能解决某些棘手的问题,又可以从某种程度上影响课程决策,干预学校课程管理行为。正如库姆斯所说,"认为通过行政命令对一些方法和组织的修修补补就可以引起富有生气的变革,这种假想只能引起徒劳的骚动。要在一个如此复杂的机构里进行真正有效的变革,只有通过促使人的变化——尤其是促使教师,即与学生接触十分密切的人的变化才能完成"。①

如,上海市徐汇区教师进修学院附属实验中学在自选课程的管理上,充分赋予教师的课程领导权,教师从课程纲要的撰写到课程的实施与考查,全面全程参与,接受课程建设领导小组的认证与检查,与学生保持密切的联系。如图 7-5 所示:

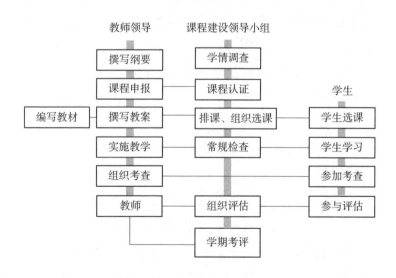

图 7-5　自选课程管理流程

——摘自《上海市徐汇区教院附中课程规划》

---

① [美]库姆斯.教育改革的新假设[A]//瞿葆奎.国际教育展望[C].北京:人民教育出版社,1993:273.

（三）分布式课程管理体系应该积极寻求各种外部支持

课程史上最持久最深入的课程改革实验"八年研究"的经验表明,学校的发展和课程改革的一大弊病就在于,这些改革往往太过"内部"(intramural),忽视了外部力量的支持,没有预期到从家长和学校理事那里来的抵制,总是让课程改革囿于教育人士的小范围中。[①] 因此,让地方人士、社会代表适度参与到课程管理的决策中,对学校的课程开发与实施是很有裨益的。

在美国,由家长、社区人员等参与的学校理事会往往具有极大的权力,学校的发展规划、考试方案及课程材料选择,甚至新教师聘用,都由学校理事会批准通过。虽然学校的课程管理实践不能照搬美国模式,但首先要有寻求外部力量支持的主动意识,不把家长、社区人员的声音屏蔽在课程管理之外;其次,可以通过"请进来"和"走出去"的策略,邀请家长和社区代表定期进入学校参与研讨,接受他们的监督,同时教师通过家访、社会调查、以社区资源为教学场地等形式,加强彼此间的沟通与合作。

通过广泛地征求社会各界的意见,使学校课程既能够及时反映科技发展的新要求,又可以很好地适应地方及学校实际情况。这样做,一方面可以保证学校课程决策的民主性,另一方面也可以为学校的课程开发提供有利的社会条件。

南桥小学注意从家长、社区、校际等各个方面寻求有效的支持,使这些资源为学校所用:

——校史资源开发。利用百年老校悠久的历史文化资源、利用校史陈列室资源,开发课程,让学生了解学校、关爱学校、继承与发扬学校的优良传统。
——家长资源开发。家长教育资源包括家长在教育子女过程中所积累的成功经验与失败教训;家长在不同的行业中所具有的职业专长;家长的业余爱好和特长;家长的教育意识与水平等。通过家校联系册、家校通网络、学

[①] Tyack, D., Cuban, L. *Tinkering toward utopia*: *a century of public school reform* [M]. Cambridge, Mass.: Harvard University Press, 1995: 106.

生综合素质评价管理站、请进来走出去等方式,充分开发家长教育资源,有效促进家校共育,定会收到好的教育效果。

——社区资源开发。学校积极组织开发社区课程资源,支持学校课程发展。充分利用炮兵预备役部队、环保部门、社区福利院等资源,与其建立有效交往机制,融合社区课程资源,让其为学校课程资源服务。

——校际联动推进,资源联盟共建。利用名校资源取得真经。学校与卢湾区一中心、万航渡路小学、一师附小、宝山区实验小学等多所学校有着密切联系,通过实地参观、聆听校长介绍、进入课堂听课等方式进行交流、研讨和学习。学校还与区内的青村小学、洪庙小学成为结对学校。通过校长、专家讲座、教研组活动展示、骨干教师课堂教学展示等多种形式的教学研讨活动,让教师在展示与研讨、理论与实践中互学互助,共同提高。

……

——摘自《上海市奉贤区南桥小学课程规划》

南桥小学从社区、其他学校、家长等各方面获取课程资源。总的来说,我们可以归纳一下学校获得外部知识的方式:①借鉴同类学校正在做的事情,比如参考其他学校的课程管理流程和文本;①②从个人经验中学习,比如学校要善于发现其他学校教师个体的新尝试;③通过观察进行学习;④嫁接新知识的携带者,如充分寻求有关外部脑力资源的支持,"致力于建立基于兼容双边不同需求和抱负、跨越中小学和大学两个世界的有机伙伴关系"。② 当前有很多学校聘请大学、教育科研机构的学者来做学术讲座,或是开展以问题为中心的合作,对教师进行针对性的培训,在学者指导下开展大量的研究和示范活动就是很好的例子;⑤通过对外部环境实施焦点集中和范围广泛的方向辨别来获取知识,如寻找关于课程管理方面的文献等。通过这些寻求知识的活动,构建学校课程管理的行动基础和信念。

---

① 转引自马克汉森.教育管理与组织行为[M].冯大鸣译.上海:上海教育出版社,2005:377.
② 杭州市安吉路实验学校"学校课程规划"项目组.课程成就学生[M].未公开发行,2004:11.

后记 好的学校整体课程规划有八条标准

屈指算来,我们与学校整体课程规划这件事打交道已有 16 年了。16 年来,我们推进了上海市第一届学校课程规划研制活动,推动了上海市嘉定区、南京市玄武区、合肥市蜀山区、郑州市金水区、南昌市东湖区、广州市黄埔区、温州市瓯海区、郑州市管城区、海南省三亚市和白沙县等地热衷课程改革的学校研制整体课程规划,接触了大量的学校整体课程规划与实施案例,有了一些感悟和体会,为理论提升积累了感性经验。

2007 年,我们立项了全国教育科学规划青年课题"学校整体课程规划的理论与实践研究",原本我们基于此课题的研究,获得了自我感觉蛮清晰的见解,但实践下来却让我们觉得还远远不够贴近学校实际,还远远不能满足基层学校的实践需要。因此,我们又进一步在中小学进行了几年的扎根研究,又进一步学习了中西方课程经典,深入理解其中的精神内核。正是这一轮的扎根研究与理论重审,让我们对学校整体课程规划有了更全面、更清晰、更深刻的认识和把握。

众所周知,随着课程管理体制改革的落地,学校享有了一定的课程自主权,基层学校针对自身实际,有了研制学校整体课程规划的积极性。学校课程规划在本质上是学校决策课程的过程,具体来说,就是在充分把握学校课程情境的基础上,对学生的需求进行调研,了解学校现有课程实施情况,发现学校课程发展中存在的问题;形成学校课程哲学,明确学校的课程愿景;基于育人目标和课程目标,建构学校课程框架体系;谋划课程实施途径与方式,思考课程管理措施;制定一套课程评估办法,以确保学校课程变革成为有逻辑的推进过程。

我们认为,研制学校整体课程规划是学校课程变革的重要环节,也是提升学校课程领导力的重要途径。学校整体课程规划涵盖课程设计、实施、管理和评价全过程,好的学校课程规划有以下八条标准。

1. 源头清:反映学校历史传统和适合现实情况

学校整体课程规划应该是学校"自己"的课程规划,是基于学校的,以学校的历史传统和现实情况为立足点。鉴于此,学校整体课程规划要遵循本校化原则,以学校为基础,寻找课程政策与学校历史和现实之间的结合点,对学校办学历程、课程发展传统、师生状况和学校整体环境做出全面、系统、客观地分析。学校课程情境分析既包含学校课程发展的优势和经验分析,又包含学校课程发展的问题解构。学校课程情境分析要求透彻,能基于优势和问题,对后续课程理念确立和课程发展措施的提出有直接影响。因此,系统分析,准确判断,清晰定位,实现学校课程发展传统与现实要求有机统一,具有可行性,是好的课程规划的一个标准。

2. 特色亮：通过课程规划反映了学校的办学特色

学校整体课程规划的一个典型特征在于校际的差异性,即每一所学校都有自己的文化传统、有着独特的内外部环境,具体在师资水平、生源质量、办学条件和课程资源等方面都存在差异,学校整体课程规划不可能有统一的模式。同时,学校的育人目标也因为情况不同而不同,课程规划要根据学生发展的不同需求提供不同的课程思考。因此,好的学校整体课程规划第二个标准在于突出特色,反映学校的办学特色。学校整体课程规划是挖掘、提炼、建设、凸显学校课程特色的过程,追求学校课程特色是课程改革与发展的必然要求,没有特色,学校课程很难获得持久的发展。通过整体课程规划,学校以课程与教学为抓手,统筹其他相关工作,促进学校特色发展。

3. 方向明：内蕴一以贯之的学校课程哲学和逻辑

学校整体课程规划是建构学校课程"全景",不仅涉及所有课程,也涵盖从课程理念到课程实施、评价的全过程,其中课程理念是一所学校课程建设的灵魂,为学校的课程规划实践提供了方向性指引。好的课程规划,都有自己蕴含的课程理论和学校的课程理念,以及为实现课程理念而采取的一系列的行动策略和保障条件。因此,好的学校课程规划第三个标准在于立足学校课程发展的背景,包括在地文化资源、历史传统、办学条件与现实,有明确的学校课程发展之价值追求,并与学校办学理念在逻辑上具有一致性。

4. 有挑战：定位"最近发展区",有一定挑战性

学校整体课程规划以顶层设计对学校所有课程进行系统梳理和统筹安排,不只是口头上的文件,而是学校课程变革的行动指南,指导着教师以饱满的热情投入到课程设计与实施的行动中,这就要求整体课程规划本身具有挑战性,能够激励全校师生向

着课程目标努力,这也是好的学校整体课程规划的第四个标准。学校整体课程规划定位"最近发展区",使课程改革在"最近发展区"开展,使课程发展的成果成为全校师生跳一跳才能摘得的果实。课程规划本身的挑战性,需要把握学校课程的原有基础,即课程改革的起点,对学校原有课程进行全面分析,了解优势与不足,并对现有课程质量进行评估,提出学校课程发展的新目标,不断推进学校课程向前发展,不断提升学校课程品质。

5. 愿景感:学校课程变革的愿景富有激励性

课程愿景是学校的课程理想和价值追求,是学校课程的归宿,既反映了学校对课程发展的认识程度,也引领着课程发展的方向,是对"我们想要创造的课程是什么"的构建与描述。学校整体课程规划不仅要有课程理念的引领,还要反映学校团队对理想课程的向往,这种向往具有内在的原动力和激励性,使课程变革行为指向共同的方向。也就是说,课程规划要有一种愿景感,为课程变革提供焦点与能量,这也是好的学校课程规划的第五个标准。我们认为,学校课程愿景不是脱离学校实际情况的、毫无根据的预设,而是在学校现实基础上提出来的;是主动寻求的,不是被动接受的,是具有对教育哲学之思考的课程愿景;不是校长或个别教师的愿景,而是学校组织的愿景,反映的是大家共同的课程价值追求,具有强大的驱动力,课程愿景能够激发出师生群体开展课程建设的勇气与信心,以一个高远的目标,激发师生关于课程的新的思考与行动。

6. 经验性:总结了学校课程改革的基本经验

学校整体课程规划不是凭空而来,而是在学校多次课程改革的经验总结基础上产生。学校每一次课程改革都是经验积累的过程,好的学校课程规划必然具有经验性,比较好地总结了学校课程改革的基本经验,并以此为基础进一步深化。学校课程改革是一项系统工程,每一次改革都在课程理念、课程目标、课程结构、课程内容、课程实施、课程管理、课程评价等方面有着不同程度的新建构,既继承着前一次课程改革实践的成功经验,也发掘出前一次课改实践存在的局限,并在新的环境背景下加以解决,如此,推动着学校课程的逐步完善与发展。因此,学校整体课程规划要有经验总结意识,要对学校课程变革的相关资料进行认真分析和评估,总结出成功的经验,借鉴已有的经验,在学校整体课程规划中创造性地吸收这些经验,以问题为导向,制定下一步行动计划。

7. 冲击力：立意悠远，表述准确，有冲击力，能撬动学校课程变革

学校整体课程规划不仅仅是一个概念、一种观念、一份蓝图，更是一所学校课程变革所必须采取的行动。停留在观念层面的学校整体课程规划，只会成为一纸空文，而无实际的价值与意义。课程规划本身要求立意悠远，表述准确，要清晰地反映学校课程的价值追求、框架体系、实施路径以及管理评价，易于理解与执行，以确保学校课程变革在正确的轨道中运行。在课程变革过程中，不仅要保持计划与行为的一致性，更要确保课程执行有足够的冲击力，这也是好的学校课程规划的标准之一。课程规划的"冲击力"体现在课程文本方案转化为课程实践的过程中，体现在全校师生课程建设行动中。以富有"冲击力"行动实现课程理念向课程实践的转化，并使行为效能最大化。课程规划的"冲击力"要求全校师生不是简单、机械地执行课程规划，要富有创造性地将课程规划付诸实践，促进学校课程发展。

8. 无止境：需要在实践中不断总结完善

学校课程变革不是一个静止的完成形态，而是处于动态生成过程之中，具有开放性、联系性、不确定性。在一定意义上，学校课程发展是没有终点的。同样的，学校整体课程规划也是没有终点的，就其目的而言，是为建立永续的学校组织生态而规划，学校作为一个生态组织，需要通过学校内外环境的能量交换而生存，这种依存性决定着当环境发生变化时，作为学校核心工作的课程规划也要做出相应的反应。因此，好的学校整体课程规划必然是无止境的，也就是说，学校整体课程规划是一个持续不断的改善过程，是指向未来的、在实践中不断总结完善和改进过程。一定时限的课程规划的完成并不是表示学校课程改革行为的终结，它是一个阶段课程改革行为的总结，也是下一个阶段课程建设行动的开始，并在连续的课程变革中，不断取得新的进步。

好的学校整体课程规划的上述八条标准是学校研制课程规划实践的一个参照系，可以供广大中小学及幼儿园研制学校课程规划、落实学校课程规划作参考。

本书署名"杨四耕等著"，其实是课题组集体攻关的产物。除了总论与后记，共分七章。总论与后记由杨四耕执笔，第1—7章理论探索部分由夏雪梅基于杨四耕提供的前期研究案例和资料撰写初稿，最后由杨四耕修改完善。全书所用课程规划案例，均为杨四耕指导相关学校研制，个别案例由杨四耕执笔撰写。全书由杨四耕统稿。

为了增强本书的可读性和实用性，我们在每一章的理论探索部分都结合我们指导

过的学校课程规划案例的相关"点位"来阐述,这个案例与本章所阐述的理论有直接的相关性,读者可以结合案例来理解本章的理论要点。如果读者想进一步了解学校整体课程规划,可以阅读本书的姊妹篇《学校整体课程规划的七个关键》一书。

16 年来,我们围绕着学校课程发展召开了几十次大大小小的研讨会,特别是 2016 年以来,我们基于对学校整体课程规划认识的相对成熟,分别在合肥蜀山、上海嘉定、南京玄武以及郑州金水召开品质课程研讨会。每一届研讨会都有 80 多个地区、1 600 多人参与,与会者对我们通过课程规划提升学校课程品质的做法赞赏有加。今年,我们又将在南昌市东湖区召开第五届品质课程研讨会。这是一个全区域所有中小学及幼儿园都通过研制课程规划而提升学校课程品质的区域,具有典型意义,是对学校整体课程规划理论与实践研究的又一个检阅。当我们看到学校整体课程规划的研究成果辐射到全国那么多地区、给予这么多中小学及幼儿园以启益的时候,我们内心无比欣慰。居里夫人曾经说过:"科学的探讨与研究,其本身就含有至美,其本身给人的愉快就是报酬;我因此在我的工作里寻得了快乐。"这或许也是我们的课题研究价值之所在。

书稿即将收官,对 16 年来热心课程改革的区域负责人和参与者、对执著通过学校整体课程规划而推进有逻辑的学校课程变革的广大中小学校长和老师,我在此表示由衷的感谢! 正是你们的热情参与,让我们对学校整体课程规划有了更理性的认识;正是你们的热情参与,让我们的品质课程研究团队蒸蒸日上!

当然,成绩是大家的,我们只是"召集人"和"邀请者",让我们携手为课程改革做些有意义的事。问题是难以避免的,请诸君多多批评指正!

杨四耕

2022 年 1 月 10 日于上海静竹斋

推进育人方式变革的区域教学改进研究	978-7-5760-2314-5	56.00	2021 年 12 月
学校整体课程规划的七个关键	978-7-5760-0424-3	62.00	2021 年 3 月
课堂教学的 30 个微技术	978-7-5760-1043-5	52.00	2020 年 12 月
教学诠释学	978-7-5760-0394-9	42.00	2020 年 9 月
原点教学：提升区域育人质量的策略研究	978-7-5760-0212-6	56.00	2020 年 8 月

📖 品质课程聚焦丛书

自组织课程：语文学科课程群新视角	978-7-5760-1796-0	48.00	2021 年 12 月
数学作为学习共同体：一种新的数学课程观	978-7-5760-1746-5	52.00	2021 年 12 月
学科育人的整体课程范式	978-7-5760-2290-2	46.00	2021 年 12 月
聚焦育人质量的学科课程设计	978-7-5760-2288-9	42.00	2021 年 11 月
活跃的学习图景：学校课程深度实施	978-7-5760-2287-2	48.00	2021 年 11 月
学科文化：英语学科课程新视角	978-7-5760-2289-6	48.00	2021 年 12 月
课程联结：学科课程群设计方法	978-7-5760-2285-8	44.00	2021 年 12 月
数学学科课程决策：专业视角	978-7-5760-2286-5	40.00	2021 年 12 月
特色项目课程：体育特色课程的校本建构	978-7-5760-2316-9	36.00	2021 年 12 月
进阶式探究课程设计：学科整合视角	978-7-5760-2315-2	38.00	2021 年 12 月

📖 学校课程发展精品丛书

学科课程群与全经验学习	978-7-5760-0583-7	48.00	2021 年 1 月
育人目标与课程逻辑	978-7-5760-0640-7	52.00	2021 年 2 月
学科课程与深度学习	978-7-5760-0505-9	52.00	2021 年 2 月
学校课程的文化表情：百花园课程的学科指向与深度实施			
	978-7-5760-0677-3	38.00	2021 年 2 月
学校文化与课程变革	978-7-5760-0544-8	62.00	2021 年 2 月
语文天生重要：语文学科课程群设计	978-7-5760-0655-1	44.00	2021 年 2 月
五育并举的课程体系：致良知课程的旨趣与探索			
	978-7-5760-0692-6	48.00	2021 年 1 月
学科课程与育人质量	978-7-5760-0654-4	48.00	2021 年 1 月

在地文化与课程图谱	978-7-5760-0718-3	46.00	2021 年 2 月
中观课程设计与学科课程发展	978-7-5760-0624-7	36.00	2021 年 1 月
大教学：英语学科核心素养培育的课程模式	978-7-5760-0462-5	46.00	2021 年 1 月

📖 特色学校聚焦丛书

不一样的生命，一样的精彩	978-7-5675-8675-8	34.00	2019 年 3 月
童味正醇：特色学校的文化图谱	978-7-5675-8944-5	39.00	2019 年 8 月
特色普通高中课程建设探索	978-7-5675-9574-3	34.00	2019 年 10 月
儿童是天生的探索者：360°科学启蒙教育	978-7-5675-9273-5	36.00	2020 年 2 月
做精神灿烂的教师：教师自我成长的 5 个密码	978-7-5760-0367-3	34.00	2020 年 7 月
让教育温暖而芬芳	978-7-5760-0537-0	36.00	2020 年 9 月
快乐教育与内涵生长	978-7-5760-0517-2	46.00	2020 年 12 月
故事教育与儿童发展	978-7-5760-0671-1	39.00	2021 年 1 月
美好教育：学校内涵发展的循证研究	978-7-5760-0866-1	34.00	2021 年 3 月
把美好种进儿童心田	978-7-5760-0535-6	36.00	2021 年 3 月
倾听生命的天籁："天籁教育"的实践与探索	978-7-5760-1433-4	38.00	2021 年 9 月
为了每一个孩子的美好心愿	978-7-5760-1734-2	50.00	2021 年 9 月
向着优秀生长："模范教育"的理念与实践	978-7-5760-1827-1	36.00	2021 年 11 月

📖 跨学科课程丛书

大情境课程：主题设计与创意评价	978-7-5760-0210-2	44.00	2020 年 5 月
社会参与素养的培育模型与干预机制	978-7-5760-0211-9	36.00	2020 年 5 月
大概念课程：幼儿园特色主题活动设计	978-7-5760-0656-8	52.00	2020 年 8 月
项目学习：进入学科的课程智慧	978-7-5760-0578-3	38.00	2021 年 4 月
STEAM 课程的设计与实施	978-7-5760-1747-2	52.00	2021 年 10 月
幼儿个性化运动课程	978-7-5760-1825-7	56.00	2021 年 11 月

核心素养导向的课堂教学丛书

特色课程建设丛书